AF222448

Herstellung und Verlag: BoD - Books on Demand, Norderstedt

ISBN 978-3-8311-1028-5

Ludwig Prautzsch

Bibel und Symbol in den Werken Bachs

2

In einer Zeit, in der das Wissen unserer Vorfahren über die Bedeutung von Symbolen und das in Symbolen verschlüsselte Wissen verloren zu gehen droht, ist es dringend geboten, die Symbolsprache wieder zum Klingen zu bringen. In Märchen und Mythen begegnen uns Symbole, die uns helfen, uns zu erkennen. In der Architektur, in der bildenden Kunst, in der Musik vermitteln die Symbole eine zusätzliche Tiefe, die dem Unkundigen verschlossen bleibt. Bei der Betrachtung der Bibel spricht man geradezu von einer Symbolebene, die jahrtausendealtes Menschheitswissen über Gott, den Menschen und die Welt verschlüsselt enthält.

Kein Geringerer als Johann Sebastian Bach hat dieses Wissen in seiner Genialität aufgegriffen und es mit den ihm eigenen Mitteln sowohl musikalisch als auch optisch in seinen Partituren verarbeitet und teilweise wieder symbolisch verschlüsselt. Es ist dem unermüdlichen Forschen und der Sensibilität des Autors, Kirchenmusikdirektor i.R. Ludwig Prautzsch, für diesen Aspekt in der Musik Bachs zu verdanken, dass das Wissen darüber nicht verloren geht und die hier publizierten Aufsätze zustande kamen. Sie sollen als Arbeitsmaterial für musikwissenschaftliche Vorträge im Rahmen der katholischen Erwachsenenbildung in Mecklenburg dienen, sind aber auch geeignet, dem interessierten Leser für diese Seite des reichen Schaffens Johann Sebastian Bachs Augen und Ohren zu öffnen.

Dank sei an dieser Stelle dem Ministerium für Arbeit und Bau Mecklenburg-Vorpommern gesagt, das die Mittel für die Publikation dieser Schrift aus dem Europäischen Sozialfonds bereit stellte; Dank gilt auch Erdmute Prautzsch, die den Einband gestaltete und Matthias Handy, der die technische Aufbereitung des Manuskriptes bis zur Druckreife und die Verhandlungen mit dem Internetverlag BOD übernahm.

Dr. Georg Diederich
Leiter des Thomas-Morus-Bildungswerkes

Inhalt

Vorwort   4

Bach und die Bibel   5

**Die Symbolsprache Johann Sebastian Bachs, dargestellt am Weih-
nachtsoratorium**   32
    Anhang: Auswahl wichtiger Symbolzahlen in den
    Werken Bachs   67

**Symbolik der Instrumente in der Kirchenmusik
Johann Sebastian Bachs**   69
    Die Bedeutung der Instrumente in der Matthäuspassion   69
    Die Bedeutung der Instrumente in der Johannespassion   84
    Die Bedeutung der Blechblasinstrumente in der
    Kirchenmusik   98
    Die konzertierende Orgel - ein Bach-Symbol   128

4

Vorwort

Der vorliegende Band enthält zwei Vorträge als Einführung in die musikalische und symbolische Gestaltung biblischer und geistlicher Texte durch Johann Sebastian Bach sowie einige frühere Aufsätze[1] in überarbeiteter Form, die zusammen eine Darstellung der symbolischen Bedeutung aller Instrumente ergeben, die Bach in seinen kirchenmusikalischen Werken eingesetzt hat. Als Ergänzung und Abschluß mußte noch eine Betrachtung über die konzertierende Orgel hinzugefügt werden. Meine Untersuchungen möchten sowohl beitragen zur Erkenntnis der kompositorischen und theologischen Arbeitsweise Bachs als auch zur musikalischen Interpretation seiner Werke.

Ich danke dem Thomas-Morus-Bildungswerk und seinem Geschäftsführer, Herrn Diakon Dr. Stephan Handy, für die Einladungen zu Vorträgen in einigen Städten Mecklenburgs und für die Veröffentlichung meiner Arbeiten, ferner der Staatsbibliothek zu Berlin, Preußischer Kulturbesitz, Musikabteilung mit Mendelssohn-Archiv, die mir Kopien aus Bachschen Handschriften zur Verfügung stellte und die Genehmigung zur Veröffentlichung erteilte.

Kassel, im Bachjahr 2000   Ludwig Prautzsch

---

[1] erschienen in: Musik und Kirche, 44. Jg. 1974, S. 209ff., und 50. Jg. 1980, S. 75ff.; Die Quellen Johann Sebastian Bachs, Heidelberg 1998, S. 211ff.

Bach und die Bibel

Die Bibel und Bach

Zunächst möchte ich das Thema umkehren, denn Bach wurde geboren in einer Zeit, in der Bibel und Kirche noch anerkannte Grundlagen und Säulen gesellschaftlichen Lebens waren. Es gibt nur wenige schriftliche Äußerungen Bachs über sein Leben, so möchte ich hier einen bezeichnenden Satz aus der Lebensbeschreibung des Kasseler Kantors Johann Christoph Kellner (1736-1803) zitieren, der in Gräfenroda in Thüringen geboren wurde als Sohn des dortigen Kantors Johann Peter Kellner, der selber Beziehungen zu Bach aufgenommen hatte. Er schreibt in seiner Autobiographie[2] : „Im Anfange des sechsten Jahres bekam ich in der dortigen Schule die ersten Begriffe von Religion und Christentum". Daß er in der Schule Lesen, Schreiben und Rechnen gelernt hatte, erwähnt er nicht, und das entspricht durchaus den Methoden des damaligen Schulunterrichts; Bibel, Gesangbuch Katechismus und andere dogmatische Schriften waren Inhalt des Schulunterrichts, an ihnen lernten die Kinder auch Fähigkeiten wie Lesen, Schreiben und Singen.

Bei Johann Sebastian Bach, der ja mehr als eine Generation früher lebte, war das ähnlich. Da seine Eltern früh gestorben waren, nahm ihn sein Bruder Johann Christoph in sein Haus auf. Dieser, einer der vielen Vertreter der musikalischen Bach-Familie, wirkte als Organist in dem Kleinstädtchen Ohrdruf und ließ seinen um 14 Jahre jüngeren Bruder, der damals 10 Jahre alt war, auch in den sonntäglichen Kantatenaufführungen, wie sie selbst in thüringischen Dörfern üblich waren, mitwirken.

Fünf Jahre später kam Bach auf das Michaelisgymnasium in Lüneburg, wo er wegen „seiner ungewöhnlich schönen Sopranstimme", wie es in seinem Nekrolog heißt, nicht nur in der Schulkantorei, sondern auch als Motettensänger im Auswahlchor mitsingen durfte. So sind während seiner ganzen Schulzeit Gottesdienst, Kirchenlied und Bibelwort für ihn bestimmende Lebenselemente gewesen.

Man muß sich vergegenwärtigen, wie oft die Chorsänger damals im Einsatz waren: in den täglichen Proben, am Sonntag vor- und nachmittags, jeden Samstag abends, an den hohen Festen mit jeweils drei Feiertagen, den vielen

---

[2] Friedrich Wilhelm Strieder, Hessische Gelehrtengeschichte, Kassel 1788, S. 41ff.

6

kleineren Festen, Neujahr, Epiphanias, Mariae Reinigung (Lichtmeß), Mariä Verkündigung, Himmelfahrt, Johannis- und Michaelisfest, und anderen.

Daß Bach selber auch den Beruf eines Organisten und Kantors anstrebte, verstand sich nach dieser Vorbereitung in Verbindung mit seinen musikalischen und geistigen Fähigkeiten fast von selber. In seiner zweiten Organistenstelle in Mühlhausen entstehen 1708 seine ersten Kirchenkantaten. Für seine innere Einstellung zu seinem Amt ist es bezeichnend, daß er seinen Weggang von Mühlhausen bereits nach einem Jahr so begründete: „Wenn ich auch stets den Endzweck, nämlich eine regulirte kirchen music zu Gottes Ehren...gerne aufführen mögen...so hats sich doch ohne wiedrigkeit nicht fügen wollen"[3]. Ihren tiefsten Grund hatten die „wiedrigkeiten" im Zwist der beiden führenden Geistlichen, einem orthodoxen Lutheraner und einem Pietisten.

Bach selber war Anhänger der orthodoxen Richtung, schon im Blick auf sein Amt; denn diese legte Wert auf eine reiche liturgisch-kirchenmusikalische Gestaltung der Gottesdienste, aber auch infolge seiner schulischen Bildung und Erziehung Eine der führenden Schriften dieser Prägung, das *Compendium locorum theologicorum* von Leonhard Hutter spielte sowohl in Ohrdruf wie in Lüneburg eine wichtige Rolle im Gymnasialunterricht.

Bachs spätere Stellungen als Organist in Weimar und Kantor in Leipzig standen durchaus im Zeichen lutherischer Theologie. Auch in den fünf Jahren seiner Kapellmeistertätigkeit am reformierten Hof zu Köthen hielt er sich zur lutherischen Gemeinde und besuchte dort Gottesdienst und Abendmahlsfeier.

Daß er persönlich fest im Glauben an Gottes Führung stand, lassen eine ganze Reihe von Äußerungen in Briefen, Eingaben und Zeugnissen für seine Schüler erkennen, in denen immer wieder die Rede ist von „Gottes heiligem Willen", „göttlicher Fügung", „Gottes Beystand" oder in notvollen Lagen von seinem „wehmütigen Flehen" zur „Göttlichen Barmherzigkeit". Er weiß, daß er sein „Creütz in Gedult tragen" muß und schreibt einem jungen Theologen ins Stammbuch: „Christus Coronabit Crucigeros" - Christus wird den Kreuzträgern die Krone aufsetzen. Ulrich Meyer hat solche Worte zusammengetragen und schreibt zusammenfassend: „Die Formelhaftigkeit mancher Wendung wie die schlichte Art der Sätze allgemein sollten nicht dazu führen, daß die Ernsthaftigkeit der hinter ihnen stehenden Überzeugung in Zweifel gezogen wird Viel-

---

[3] Entlassungsgesuch an die Gemeindevorsteher Divi Blasii in Mühlhausen, abgedruckt in: Johann Sebastian Bach, Leben und Werk in Dokumenten, Kassel 1975, S. 100.

mehr erscheint der immer wieder ausgesprochene Glaube an Gottes *gubernatio*, seine umfassende, gnädige Lenkung, die vorherbestimmend und bestimmend, zulassend und hindernd auf alles menschliche Handeln einwirkt, als Teil der breiten theologischen Basis, welche Bachs Leben und Schaffen trägt"[4].

Wie aber hat Bach sein Amt als Kantor und Komponist gottesdienstlicher Musik aufgefaßt? War das Komponieren und Aufführen von Kantaten über biblische Texte für ihn nur eben eine Amtspflicht, die er möglichst vollkommen zu erfüllen suchte? Waren die Worte, die er über und unter seine Partituren schrieb: „Jesu, juva!" - Jesus, hilf! - oder „Soli Deo Gloria!" - Gott allein zur Ehre! - nur eine übliche Formel, wie sie auch andere Komponisten seiner Zeit verwendeten?

Nur wenige Äußerungen Bachs sind uns überliefert. Bekannt ist das Wort in der Generalbaßlehre: „Und soll wie aller Music also auch des Generalbasses Finis und Endursache anders nicht als nur zu Gottes Ehre und Recreation des Gemütes seyn. Wo dieses nicht in acht genommen wird, ists keine eigentliche Music, sondern ein Teuflisches Geplerr und Geleyer"[5]

Doch wir kennen einiges mehr, vor allem die Titel seiner Bibliothek, die eine ganze Reihe damals bedeutender theologischer Bücher, Sammlungen von Predigten lutherischer Theologen wie Heinrich Müller in Rostock und August Pfeiffer, auch Schriften pietistischer Theologen wie August Hermann Francke und Jacob Spener enthielt, dazu die Werke Luthers und vor allem zwei umfangreiche Bibelausgaben mit Erläuterungen[6].

Das alles genügte aber nicht, einen so bekannten Musikwissenschaftler wie Friedrich Blume zu überzeugen, der 1962 die Frage stellte und beantwortete: „Hat Bach zum Kirchenamt eine Herzensbeziehung gehabt? Ist es ihm ein Bedürfnis seines religiösen Lebens gewesen? - Schwerlich, mindestens gibt es keinen Beweis dafür"[7].

---

[4] Ulrich Meyer, Johann Sebastian Bachs theologische Äußerungen, in: Musik und Kirche, 47. Jg. 1977, S.113.
[5] zitiert nach Hermann Grabner, Generalbaßlehre, Köln 1936.
[6] Hans Besch, Johann Sebastian Bach, Frömmigkeit und Glaube, Gütersloh 1938; Robin A. Leaver, Bachs theologische Bibliothek, Neuhausen 1983.
[7] Friedrich Blume, Umrisse eines neuen Bach-Bildes, in: Musica, 16. Jg. 1962, S. 169f.

Da war es eine beglückende Überraschung, daß sechs Jahre später durch die Bemühung von Christoph Trautmann eine der Bibeln aus dem Besitz Bachs wieder ans Licht gebracht wurde, freilich befindet sie sich heute in den USA[8]. Darin finden sich nicht nur sein Monogramm mit der Jahreszahl der Anschaffung, 1733, sondern auch handschriftliche Anmerkungen. Besonders wichtig sind für unsere Frage Randnotizen in den Büchern der Chronik im Alten Testament, in denen über die Musik im Tempel zu Jerusalem berichtet wird:

1. Chron. 25, Bestellung der Instrumentalisten und Sänger zu ihrem Dienst durch David.	Bach: *NB. Dieses Capitel ist das wahre Fundament aller Gottgefälligen Kirchen Music. etc.*
1. Chron. 28, 21 Ordnungen der Priester und Leviten zu allen Ämtern nach den Weisungen von der Hand des Herrn.	Bach: *NB. Ein herrlicher Beweiß, daß neben anderen Anstalten des Gottesdienstes, besonders auch die Musica von Gottes Geist durch David mit angeordnet worden.*
2. Chron. 5, 13 Festliche Einweihung des Tempels.	Bach: *NB. Bei einer andächtigen Musique ist allezeit Gott mit seiner Gnaden Gegenwart.*

Die letzte dieser Bibelstellen sollte man sich näher betrachten:

2, Chron. 5, 12-14
Und die Leviten, die Sänger alle, Asaph, Heman und Jeduthun und ihre Kinder und Brüder, angezogen mit feiner Leinwand, standen gegen Morgen des Altars mit Zimbeln, Psaltern und Harfen, und bei ihnen hundertundzwanzig Priester, die mit Drommeten bliesen; und es war, als wäre es einer, der drommetete und sänge, als hörte man eine Stimme loben und danken dem Herrn. Und da die Stimme sich erhob von den Drommeten, Zimbeln und Saitenspielen und von dem Loben des Herrn, daß er gütig ist und seine Barmherzigkeit ewig währet, da ward das Haus des Herrn erfüllt mit einer Wolke, daß die Priester nicht stehen konnten, zu dienen vor der Wolke; denn die Herrlichkeit des Herrn erfüllte das Haus Gottes.

---

[8] Christoph Trautmann, „Calovii Schrifften. 3. Bände", in: Musik und Kirche, 39. Jg. 1969, S. 145ff.

Verstehen wir, daß Bach, den Kantor, diese Worte besonders ergriffen haben? Die Bedeutung seiner Randnotizen liegt besonders darin, daß sie nicht für eine öffentliche Bekundung seiner Ansichten bestimmt waren, sondern nur für ihn selber; hier spricht er aus der Überzeugung seines Herzens!

Bachs Musik als Darstellung und Interpretation der biblischen Botschaft

Zur Darstellung biblischer und frei gedichteter geistlicher Texte bedient sich Bach bestimmter musikalischer Mittel, der *Figuren*, die ihren Ursprung und ihren Namen aus der Rhetorik herleiten und über die in der Barockzeit Kompositionslehren und Musiklexika eingehend informieren. Dabei handelt es sich um melodische Motive oder Harmonien, Akkorde und ihre Verbindungen, mit denen Bilder des Textes, Empfindungen, aber auch - gerade in Bachs Werken - gedankliche Hintergründe und theologische Beziehungen wiedergegeben werden.

Das soll zunächst an einigen Beispielen aus Bachs Matthäuspassion gezeigt werden.

Bach stellt das Aufsteigen Jesu mit den Jüngern zum Ölberg in einer Kette von elf Sechzehntelnoten dar, beginnend im Continuo, fortgesetzt vom Evangelisten, dann folgt eine Achtelnote am oberen Ende: Jesus geht seinen elf Jüngern voran.

14.

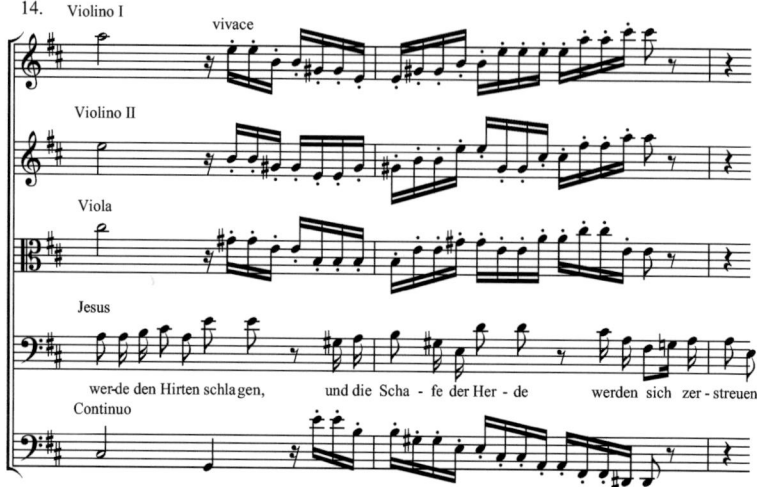

Die heftig auseinanderstiebenden, kurz abgerissenen Figuren der Streichinstrumente sind ein eindrucksvolles optisches und akustisches Bild der Worte Jesu vom Zerstreuen der Schafe.

Aufsteigende Linien in den beiden Violinen sind hier die Figur für die Auferstehung Jesu.

Im zweiten und dritten Beispiel erkennt man ein Instrumentalsymbol, das Bach aus der Tradition übernommen hatte: Saiteninstrumente galten als Sinnbild der himmlischen Welt, sie begleiten in der Matthäuspassion die Worte Jesu wie ein Heiligenschein: Der Geist Gottes ruht auf ihm (s. S. 98). Ausgenommen sind nur die Worte am Kreuz: „Eli, eli, lama asabthani?": Gott hat ihn verlassen.

Im folgenden Rezitativ kommen harmonische Figuren als Mittel musikalischer Gestaltung zur Geltung. Durch bestimmte Akkorde, besonders Dissonanzen - vor allem den verminderten Septakkord -, überraschende Klangverbindungen und Ausweichen in unerwartete Tonarten werden Empfindungen und Gefühlsbewegungen wiedergegeben.

Jesus geht mit seinen Jüngern in den Garten Gethsemane und läßt sie sich dort niedersetzen, weil er an einer anderen Stelle beten will: „Setzet euch hier". Auf das Wort *hier* bringt Bach eine Dissonanz, einen Sekundakkord, der voller Spannung ist und nach einer Auflösung verlangt. Jesus erwartet von seinen Jüngern, daß sie an der inneren Erregung, die ihn erfaßt hat, teilnehmen; doch wenn er zurückkommt, sind sie eingeschlafen!

Ausdrucksvolle Linien und Harmonien in den Streichinstrumenten begleiten dann das Wort *bete*. Sie lassen spüren, wie Jesus aus tiefster Seele flehen will.

18. Evangelista

und hub an zu trau - ern und zu za-gen

Das Trauern Jesu gibt Bach durch ein ganz enges Kreisen - Figur der Circulatio - in Halbtonschritten um den Ton f″ wieder, ein Bild der Angst. Wie das Wort *Angst* von *eng* abgeleitet ist, so fühlt sich Jesus bedrängt und sieht keinen Ausweg.

Viol. I, II, Viola

Jesus

Mei.ne Seele ist be - trübt bis an den Tod . Bleibet hier und wachet mit mir!

Continuo

Die Trauer Jesu wird in gleichförmig wiederholten Mollakkorden der Streicher zum Ausdruck gebracht, die Worte *betrübt* durch den verminderten Septakkord, *Tod* in einem in der Tiefe ruhenden Ton. Im Gegensatz dazu steht der Sprung in die hohe Lage als Aufruf: *wachet!*

Auffallend dissonante Figuren setzt Bach ein, um den Verräter Judas zu charakterisieren, wenn er Jesus gegenübertritt:

Judas   Evangelista   Jesus

Ge - grüßet seist du, Rabbi!   Und küs se-te ihn.   Mein   Freund!

Continuo   V. I, II, Vla.

Im Gruß des Verräters wird der Spitzenton der Anrede *Rabbi* in einem Saltus duriusculus, einem harten Sprung, in eine scharfe Vorhaltsdissonanz erreicht. Das wirkt wie eine Verhöhnung oder vielleicht wie eine Herausforderung: Nun zeig doch, daß du der Meister bist!

Der Kuß wird dargestellt durch einen dissonanten, falschen Ton im ersten Akkord der Kadenz[9]. Zwar war es im Barock üblich, Kadenzen in Rezitativen in dieser Weise zu notieren und dann in der Aufführung die Kadenzakkorde erst nach dem letzten Ton des Sängers folgen zu lassen, so daß die Dissonanz vermieden wurde, Bach jedoch schreibt nur äußerst selten Kadenzen in dieser Form nieder. Wo sie in seinen kirchenmusikalischen Werken auftreten, sind sie Symbole für ein Fehlverhalten, und darum sollte man in Aufführungen auch die Dissonanz hörbar machen und die Kadenzen so spielen, wie sie notiert sind! Hier steht sie als Figur dafür, daß der Judaskuß nicht ein Zeichen der Liebe ist, sondern eine Verspottung Jesu.

Wenn Jesus in seiner Antwort Judas als *Freund* bezeichnet, setzt Bach auch dazu einen dissonanten Vorhaltston und gibt damit ein Zeichen, daß die Freundschaft gestört ist. Doch wird dieser Vorhalt eingefügt als Durchgangsnote in eine melodisch herabführende Linie, er wirkt weich, wenn auch schmerzlich: Jesus liebt sogar seinen Verräter.

In der Johannespassion gibt es ebenfalls nur eine einzige Kadenz, die dissonant notiert ist; sie steht dort, wo von Petrus berichtet wird, der sich zu den Kriegsknechten gestellt hatte, die sich im Hof des Hohenpriesters ein Feuer gemacht hatten. Die Kadenz führt hin zu dem Satz: „Petrus aber stund bei ihnen und wärmete sich". Die Dissonanz macht deutlich: Petrus steht hier an der falschen Stelle, weil er Angst hat und nicht auffallen möchte. Bach wirft hier eine Frage auf, die auch uns heute noch bewegen muß: Verhalten wir uns als Christen, als Gemeinde und Kirche nicht ähnlich, wenn wir uns „dieser Welt gleichstellen" - Paulus warnt davor (Röm. 12, 2) -, wenn wir uns dem Zeitgeist anpassen, um uns zu wärmen?

Ein wichtiges Symbol in der Kirchenmusik Bachs ist das Kreuz, das man zunächst im Notenbild erkennen kann:

---

[9] Ich verdanke diesen Hinweis der Schrift von Theodor Jakobi, Zur Deutung von Bachs Matthäuspassion, Stuttgart 1958, S. 48.

14

Johannespassion

Verbindet man die höchste mit der tiefsten Note, ebenso die vorangehende mit der nachfolgenden, so ergibt sich das Bild eines Kreuzes. Wer dieses Notenbild kennt, kann es auch vom Hören her erfassen. Bach gebraucht es nicht nur zur Darstellung der Worte Kreuz und kreuzigen, sondern auch, wenn er an anderen Stellen an das Kreuz Christi erinnern will, so in der Osterkantate „Christ lag in Todesbanden" (BWV 4) in der Arie:

BWV 4, 6   Hier ist das rechte Osterlamm,
davon Gott hat geboten,
das ist hoch an des Kreuzes Stamm
in heißer Lieb gebraten.
Das Blut zeichnet unsre Tür,
das hält der Glaub dem Tode für,
der Würger kann uns nicht mehr schaden.
Halleluja!

Zum Wort *zeichnet* setzt Bach dreimal das Kreuzzeichen:

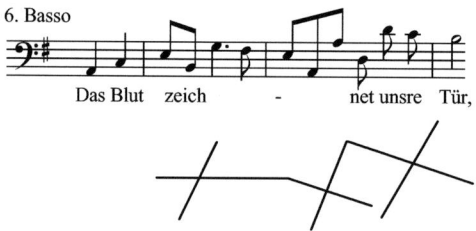

Das Zeichen, das die Israeliten vor dem Auszug aus Ägypten vor dem Würgeengel verschonte (2. Mose 12, 13), war das Blut des Passahlammes an ihrer Tür, für uns Christen ist es das Blut des Gekreuzigten.

In einigen dieser Beispiele ist bereits zu erkennen, daß Bach nicht nur eine Darstellung des Textes geben will, sondern zugleich eine Interpretation, die den Hintergrund und die Zusammenhänge des Geschehens andeuten soll. Einige Stellen aus der Johannespassion und der h-Moll-Messe mögen dies noch vertiefen.

In der Johannespassion finden wir besonders eindrucksvolle Beispiele dafür, daß Bach die Formen ganzer Sätze und ihre Anordnung in die Sprache der musikalisch-rhetorischen Figuren und der Symbole einbezieht. Das ist für den Beobachter ungeheuer spannend, wenn es auch vom Hören allein nicht mehr zu erfassen ist.

Im Herzstück der Passion[10] ordnet Bach gleiche oder formal ähnliche Sätze symmetrisch um einen Mittelpunkt an:

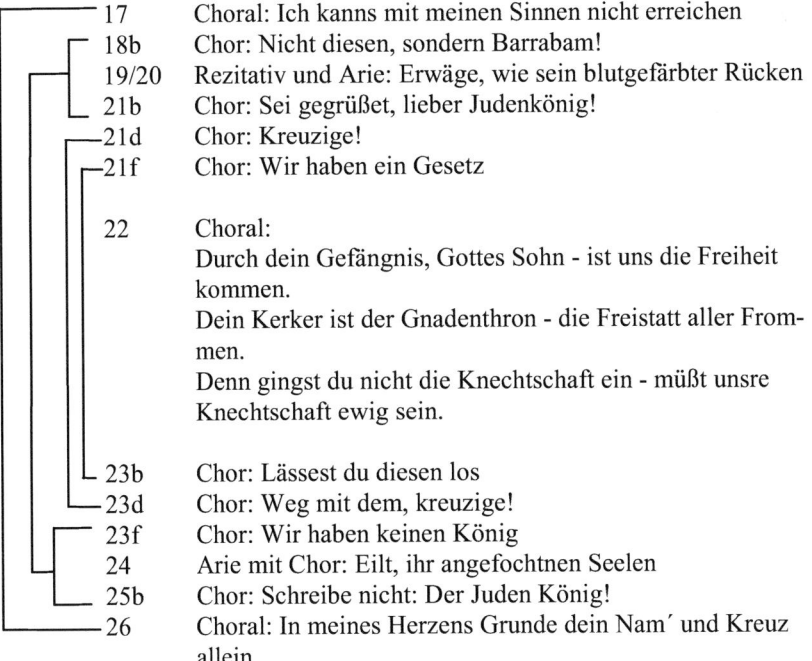

17	Choral: Ich kanns mit meinen Sinnen nicht erreichen
18b	Chor: Nicht diesen, sondern Barrabam!
19/20	Rezitativ und Arie: Erwäge, wie sein blutgefärbter Rücken
21b	Chor: Sei gegrüßet, lieber Judenkönig!
21d	Chor: Kreuzige!
21f	Chor: Wir haben ein Gesetz
22	Choral: Durch dein Gefängnis, Gottes Sohn - ist uns die Freiheit kommen. Dein Kerker ist der Gnadenthron - die Freistatt aller Frommen. Denn gingst du nicht die Knechtschaft ein - müßt unsre Knechtschaft ewig sein.
23b	Chor: Lässest du diesen los
23d	Chor: Weg mit dem, kreuzige!
23f	Chor: Wir haben keinen König
24	Arie mit Chor: Eilt, ihr angefochtnen Seelen
25b	Chor: Schreibe nicht: Der Juden König!
26	Choral: In meines Herzens Grunde dein Nam´ und Kreuz allein

---

[10] Diese Bezeichnung und Deutung dieser Anordnung geht zucük auf Friedrich Smend, Johann Sebatsian Bach, Kirchenkantaten, Heft VI, Berlin 1950, S.49ff.

Zwischen diesen Sätzen steht jeweils ein Evangelistenrezitativ. Im dritten Rahmen - vom Mittelpunkt aus gesehen - entsprechen sich Gruppen von Sätzen, in denen zwei dramatische Chöre einen solistischen Doppelsatz einrahmen.

Die symmetrisch aufeinander bezogenen Sätze sind entweder völlig gleich, so Nr. 21f und 23b, 21d und 23d (dieser im zweiten Abschnitt), Nr. 21b und 25b, oder in Form und Motivik ähnlich, so Nr. 18b und 23f, oder haben den gleichen Satzcharakter Choral oder Arie, so Nr. 17 und 26, 20 und 24.

In der Rhetorik wird eine symmetrische Anordnung um eine Mittelachse *chiastisch* genannt, weil sich die Folge ihrer Glieder vom Zentrum aus rückläufig fortsetzt: A B - M - B A, so wie es in der Form des griechischen Buchstaben X der Fall ist. Sie läßt sich auch in dieser X-Form darstellen:

$$A \qquad\qquad B$$
$$M$$
$$B \qquad\qquad A$$

Bach wendet Rahmenformen in seinen Werken sehr oft an. Der Mittelsatz enthält die entscheidende Aussage, hier ist er zugleich der Wendepunkt als Gleichnis für die große Umkehrung, die durch den Kreuzestod Jesu erfolgt. In jedem Zeilenpaar der Choralstrophe kommt das zum Ausdruck: Christus geht in die Gefangenschaft, in die Enge, so wie die beiden vorderen Arme des X den Raum zwischen ihnen immer enger werden lassen; wir aber werden dadurch frei von der Gebundenheit durch Tod und Teufel, gleichwie die beiden hinteren Arme des X sich nach außen öffnen.

Bach hat hier genau erfaßt, wo der entscheidende Punkt der Passionserzählung liegt. Jesus hatte - vor dem Mittelsatz wird davon berichtet - dem Pilatus gesagt: „Du hättest keine Macht über mich, wenn sie dir nicht wäre von oben herab gegeben. Darum, der mich dir überantwortet hat der hat größere Sünde". Wen meint Jesus hier, die Juden, den Satan, Gott? Pilatus ist die Sache unangenehm, er „trachtete, wie er ihn losließe". Fast wäre Jesus freigesprochen worden, doch er selbst weiß, daß er diesen Weg gehen muß, er geht ihn bewußt und in eigener Entscheidung: „Denn gingst du nicht die Knechtschaft ein...".

So ist die Rahmenordnung ein großes Bild für das, was der Buchstabe X symbolisch für uns Christen umschließt: Seine Form ist ein Kreuz, als Anfangsbuchstabe Chi weist er hin auf den Namen Christus. Der letzte Choral des Herzstücks faßt diese Gedanken zusammen:

Nr 26. In meines Herzens Grunde
dein Nam´ und Kreuz allein
funkelt all Zeit und Stunde,
drauf kann ich fröhlich sein!

Setzen wir ihn in Beziehung zur ersten Choralstrophe - es ist die zweite des
unter Nr. 17 erscheinenden Chorals „Ach großer König" - , so beantwortet er
die Frage, die dort gestellt wird:

Nr.17 Wie kann ich dir denn deine Liebestaten
im Werk erstatten?

mit keinem anderen Wort als: „Drauf kann ich fröhlich sein!"

Auch die anderen Abschnitten der Passion sind symmetrisch aufgebaut; eine
kurze Betrachtung möchte ich noch der Ordnung widmen, die den ganzen er-
sten Teil umfaßt. Es fällt auf, daß Bach die beiden längsten und bedeutendsten
Sätze - vom Eingangschor abgesehen -, die beiden Arien „Von den Stricken
meiner Sünden" (Nr. 7) und „Ich folge dir gleichfalls mit freudigen Schritten"
(Nr. 9) unmittelbar aufeinander folgen läßt. Zwischen beiden Arien, etwa in der
Mitte des ganzen ersten Teils, steht nur eines der kürzesten Rezitative des
Evangelisten:

Nr. 8 Simon Petrus aber folgete Jesum nach und ein anderer Jünger.

Jeder andere Komponist hätte die beiden großen Arien gleichmäßig auf den
Evangelienbericht verteilt, das hätte auch für den Hörer einen angemessenen
Wechsel von Arien, lebendigen Rezitativen und ruhigen Chorälen ergeben.
Bach jedoch verfährt anders und recht eigenwillig. Offenbar lag ihm daran, hier
in der Mitte einen inhaltlichen Akzent zu setzen und als zentralen Gedanken
eben dieses Rezitativ hervorzuheben. Es geht ihm um die Nachfolge. Petrus hat
es versucht und uns allen vorgemacht, Jesus nachzufolgen, zunächst mit Eifer
und Entschlossenheit, er zog das Schwert, er folgte bis in den Hof des Hohenpriesters. Doch dann versagt er, verleugnet den Herrn und muß es bitterlich
bereuen und weinen - eine Partie, die Bach eigens aus dem Matthäus-
evangelium eingeschoben hat, wohl um ihrer Bedeutung willen für die Betrachtung des Petrus.

Nun ist die Rahmenform des ersten Teils nur in Ansätzen zu erkennen in den
beiden Arien, einigen Chorälen und Rezitativen. Dann aber bricht sie ab, genauso wie Petrus an seinem großen Vorsatz zerbricht. Am Schluß des ersten

Teils steht dem gewaltigen Eingangschor „Herr, unser Herrscher" nur ein schlichter Choralsatz gegenüber:

Nr. 14   Petrus, der nicht denkt zurück,
          seinen Gott verneinet.

Er denkt nicht zurück an das große Bekenntnis des Eingangschors, der gleichnishaft steht für die Worte, die er selber gesagt hatte: „Herr, wohin sollen wir gehen? - Wir haben geglaubt und erkannt, daß du bist Christus, der Sohn des lebendigen Gottes" (Joh. 6, 68-69).

Aus dem Sanctus der h-Moll-Messe möchte ich noch eine auffallende Stelle zeigen.

Die reiche Besetzung dieses Stückes mit sechs Chorstimmen, sechs durchgehenden Instrumentalstimmen (drei Streicher, ausnahmsweise drei Oboen), dazu drei Trompeten, Pauken und Continuo, schließt sich wohl an das Bild der Vision des Propheten Jesaja an, der den Herrn - symbolisiert durch Trompeten, Pauken und Continuo (s. S. 99) - auf seinem Thron erblickte, umgeben von den beiden Seraphim mit ihren sechs Flügeln, die in den schwingenden sechstönigen Motiven der Sänger und Instrumente abgebildet sind. Die Bässe des Chors und der Continuo steigen in Oktavsprüngen auf- oder abwärts als Symbol des allumfassenden Gottes; denn der Raum der Oktave umspannt ja alle Tonnamen.

Das Absteigen vom strahlenden D-Dur geschieht aber nicht mit dem Ziel, den tieferen Grundton zu erreichen - gleichsam als Bestätigung der Allmacht Gottes-, es vermeidet diesen Ton zunächst und erreicht in Takt 22 die verminderte Oktave *dis*, geht dann noch tiefer und landet in h-Moll. Alles das sind Zeichen der Erniedrigung Gottes, er geht in die Tiefe, in den finsteren Bereich - 22 ist die Zahl des Leidenspsalms Christi: „Mein Gott, warum hast du mich verlassen?" - er geht in Tod und Hölle.

Wo dieser Bereich aber in Takt 24 erreicht ist, steht im Alt 1 nicht wie in allen anderen Stimmen *Dominus Deus Sabaoth,* sondern *(Dominus Deus) Israel.* Daß das kein Versehen sein kann, sieht man an der klaren Schrift und dem Namen *Sabaoth,* der darüber und darunter steht und gleichzeitig in den anderen Stimmen erklingt. Wenn es ein Schreibfehler gewesen wäre, Bach hätte ihn sofort bemerken müssen.

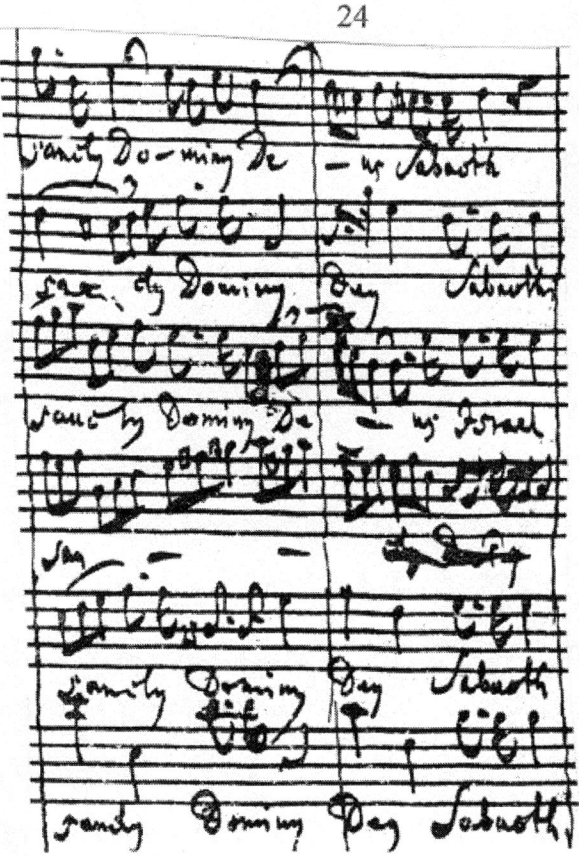

Israel - diesen Namen empfing Jakob von einem unbekannten Mann, der mit ihm gerungen hatte und unterlegen war (1. Mose 32, 29), er erhielt ihn von Gott. Nach der Deutung Luthers ist Israel der Name aller Christen; denn Gott hat sich ihm ergeben. So stand es in der „Biblischen Erklärung" von Johann Olearius (Leipzig 1678), die sich in Bachs Besitz befand. Bach bringt hier seinen Glauben zum Ausdruck, daß wir Christen, beschenkt mit dem Namen der Auserwählten, Israel, eingereiht werden in den Chor der Engel und dort das große Heilig mitsingen können (Offb. 15, 4). Die Stelle erinnert an den letzten Satz des Weihnachtsoratoriums:

BWV 248, 64   Bei Gott hat seine Stelle
das menschliche Geschlecht.

Hinter der auffallenden Eintragung im Sanctus wird ein weithin unbekanntes, ja geheimes symbolisches Mittel Bachs sichtbar, das er an allen Stellen in der Musik und in seinen Handschriften eingesetzt hat, die in irgendeiner Weise merkwürdig sind. Takt und Note innerhalb des Taktes bezeichnen durch ihre Zahl einen Psalmvers, der an dieser Stelle von Bedeutung ist und zur Erläuterung und Vertiefung herangezogen werden kann (s. S. 52). Hier ist es

Ps. 24, 6   Das ist das Geschlecht, das nach dir fragt, das da sucht dein Antlitz, Gott Jakob.

Bach hat diese Stelle für den Namen *Israel* mit großem Bedacht ausgewählt, er steht nicht nur genau in der Mitte des ersten, in großen homophonen Teilchören komponierten Abschnitts, sondern er führt nun zu einem Psalmwort, das auch durch die Erwähnung Jakobs an seine entscheidende Begegnung mit Gott erinnert.

Bachs Botschaft in seiner Zeit

Als Director musices in Leipzig und Leiter des studentischen Collegium musicum hat Bach auch in offiziellen Feiern, besonders zur Huldigung für den Landesherrn zu seinem Geburts- Namens- oder Krönungstag mitgewirkt und dazu Kantaten komponiert. Er wird es nicht immer leichten Herzens getan haben, besonders, wenn es um Texte ging wie diesen:

BWV 193a   Ihr Häuser des Himmels,
ihr scheinenden Lichter,
seid gebückt,
denn Augustus Namens-Glänzen
wird in eure helle Grenzen

heute heilig eingerückt....
Ihr Sterne, machet Platz, AUGUSTUS soll hinein!

Nenne deinen August: Gott!
Sachsens August ist der Größte,
Sachsens August ist der Beste,
denn Sanftmut und Liebe verewigen ihn.

Diese göttliche Verehrung, verfaßt von Christian Friedrich Henrici, der später unter dem Namen Picander den Text der Matthäuspassion schrieb, galt August dem Starken, dem sächsischen Kurfürsten, der seine Konfession gewechselt hatte, um König von Polen zu werden, dessen Macht- und Militärpolitik dem Land und seinen Bürgern viele Opfer abverlangte, und dessen Mätressenwirtschaft am Dresdener Hofe berüchtigt war. Noch nie - so wird berichtet - habe es so viele Arme und Bettler in den Straßen Dresdens und Leipzigs gegeben.

Im Jahr 1733 war August der Starke gestorben, doch die Hoffnung das Landes auf eine Besserung der politischen und wirtschaftlichen Lage erfüllten sich nicht. Der Sohn und Nachfolger Friedrich August II. folgte in seinem Machtstreben den Spuren des Vaters und versuchte, mit Bestechungsgeldern und militärischem Druck die polnische Königswahl zu seinen Gunsten zu entscheiden, was dann mit Hilfe der russischen Truppen auch gelang.

Bach hatte in diesem kritischen Jahr zwei Huldigungskantaten zu komponieren, die überraschenderweise einmal nicht für den neuen Kurfürsten, sondern für die Geburtstage seiner Gattin und seines erst elfjährigen Sohnes bestimmt waren. An anderer Stelle dieses Bandes wird berichtet, wie im Text der Kantate für den Kurprinzen eine zwar versteckte, aber doch unüberhörbare Kritik an den politischen Zuständen laut wurde (s. S. 61).

Wenn Bach dann im folgenden Jahr 1734 sein Weihnachtsoratorium schafft und dazu die Mehrzahl der Chöre und Arien aus diesen beiden Kantaten entnimmt und ihnen andere Texte unterlegt, kann kein Zweifel bestehen, daß er mit diesen Parodien ein Zeichen setzen will, das seiner Gemeinde einen anderen König verkündigen will, der nicht mit Macht und Geld, sondern in Armut und Schwachheit das Reich des Friedens bringt, den Gottessohn Jesus Christus.

Den aufmerksamen Leipzigern, die ja die Texte der Kantaten und des Oratoriums gedruckt vorliegen hatten und vergleichen konnten, dürfte das kaum entgangen sein. Auch an die Musik wird sich mancher noch erinnert haben, zumal Bach auch eine Kantate in sein Parodieren einbezogen hatte, die erst ein knappes Vierteljahr vor dem Weihnachtsfest erklungen war, zum Jahrestag der Königswahl am 5. Oktober. Sicher ist es bezeichnend, daß Bach eine Arie gerade aus der Kantate zu diesem Tage wählte, erinnerte dieser doch an die schweren Auseinandersetzungen um die erzwungene Wahl.

Was ihm am Herzen lag, wird vollends deutlich, wenn man die Arie betrachtet, die er mit neuem Text versehen hat. Sie lautet ursprünglich:

BWV 215, 7 Durch die von Eifer entflammeten Waffen
      Feinde bestrafen,
      bringt zwar manchem Ehr und Ruhm;
      Aber die Bosheit mit Wohltat vergelten,
      ist nur der Helden,
      ist Augustens Eigentum.

Sollten diese Verse wirklich die Güte des Königs preisen? Waren sie nicht vielmehr eine in Lobsprüchen versteckte Ermahnung? Die Wirklichkeit sah anders aus: Das Ende des Jahres 1734 gilt als die unruhigste, von Kämpfen erfüllte Zeit in Polen. Noch standen 40 Prozent des sächsischen Heeres im Land, um die Gegner niederzuringen, und das sollte erst zehn Monate später gelingen. Von der Stadt Danzig, die lange Widerstand geleistet hatte, forderte Sachsen ein Strafgeld von $3^3/_4$ Millionen Gulden[11]!

Im Weihnachtsoratorium erscheint die Musik dieser Arie wieder im fünften Teil; die Weisen aus dem Morgenlande stehen vor dem König Herodes und fragen nach dem neugeborenen König. Herodes wird von Angst und Schrecken ergriffen, er bangt um seinen Thron und seine Macht. Bevor er seine finsteren Pläne schmiedet, um den vermeintlichen Rivalen umzubringen, läßt Bach den Baß die Arie singen, deren Musik ursprünglich dem polnischen König gewidmet war:

BWV 248, 47 Erleucht auch meine finstre Sinnen,
      erleuchte mein Herze
      durch der Strahlen klaren Schein!
      Dein Wort soll mir die hellste Kerze
      in allen meinen Taten sein.
      Dies lässet die Seele nichts Böses beginnen.

---

[11] Rudolf Beyrich, Kursachsen und die polnische Thronfolge 1733-1736, Leipzig 1913, S. 98, 101.

Die Baßstimme, die diese Arie singt, wird später auch für die Worte des Herodes eingesetzt. So legt Bach die Bitte um Erleuchtung dem Herodes gleichsam in den Mund, und die Parodievorlage läßt erkennen: Wie gern hätte er sie wohl auch seinem Kurfürsten, der wie Herodes um seine Königskrone bangte, nahe gebracht! Ihm und seinem Volke wollte er den rechten Weg zeigen, den Christusweg. Doch wer von den Königen und Mächtigen dieser Welt zu allen Zeiten ist bereit, ihm zu folgen?

Schon in seinen jungen Jahren haben Bach ähnliche Gedanken bewegt. Eine seiner ersten Kantaten hatte er in Mühlhausen zum festlichen Gottesdienst anläßlich des Ratswechsels zu komponieren. Als freie Reichsstadt unterstand Mühlhausen unmittelbar dem Kaiser Joseph I. in Wien und hatte auch das Recht, Trompeter anzustellen, ein Privileg, das nach der Ordnung der Trompeterzunft Fürstenhöfen vorbehalten war. So konnte Bach eine Kantate schaffen, die im prächtigen Klang von vier Instrumentalchören und dem Sängerchor dem scheidenden und dem neuen Rat, aber auch dem Kaiser Gottes Segen wünschte.

Bemerkenswert ist der Ausklang der beiden Chöre, die in voller Besetzung die Kantate eröffnen und beschließen. Ihre Texte lauten:

BWV 71, 1   Gott ist mein König von altersher, der alle Hilfe tut,
so auf Erden geschicht.

7   Glück, Heil und großer Sieg
muß täglich von neuen
dich, Joseph, erfreuen,
daß an allem Ort und Landen
ganz beständig sei vorhanden
Glück, Heil und großer Sieg.

Beide Chöre schließen nicht im vollen Klang aller Sänger und Instrumente, sondern klingen in einer Art Echo aus; ein kurzes Schlußmotiv wird von den Trompeten über die Oboen - im Schlußchor vorher noch über die Streicher - weitergegeben an die beiden Blockflöten, die dann ganz allein als leiseste Instrumente jeden dieser Chöre und damit auch die ganze Kantate beschließen.

24

24

BWV 71, 1

BWV 71, 7

Das klingt wahrlich nicht nach „großem Sieg"! Was hat Bach zu dieser Gestaltung bewegt? Die beiden Stellen sind zugleich ein Musterbeispiel für die Symbolik der Instrumente in Bachs Kirchenmusik. Sind die Streicher klangliches Sinnbild für Christus als Sohn Gottes, die Trompeten und Pauken für ihn als König, so stehen die Holzblasinstrumente für den Menschen Jesus, Oboen für Geist und Seele, Flöten für den leiblichen Menschen (s. S. 69ff.).

Die musikalischen Figuren am Ende beider Chöre sind daher zu deuten als Darstellung der Menschwerdung und Erniedrigung Gottes[12]. Darin besteht die Hilfe Gottes, „so auf Erden geschicht", und daran möchte Bach auch die Regierenden in Stadt und Reich erinnern: Nicht der weltliche Kaiser, sondern „Gott ist mein König"! Von ihm sagt die Kantate mit Worten des Psalms 74:

BWV 71, 4   Tag und Nacht sind dein. - Du setzest einem jeglichen Lande seine Grenze.

Bereits im Alter von 23 Jahren gibt Bach ein Zeichen für seine Einstellung gegenüber den irdischen Machthabern, das ist nicht verwunderlich angesichts der jugendlichen Idealisten aller Zeiten, die die Welt verändern möchten. Bach aber läßt sich darin von seinem tiefen Verständnis des Evangeliums leiten. Ein anderes Bibelwort, das er in dieser Kantate vertont hat, wird ihm in seinem Leben und Schaffen immer wieder einmal durch den Kopf gegangen sein:

BWV 71, 3   Dein Alter sei wie deine Jugend, und Gott ist mit dir in allem, das du tust.

So möchte ich den Blick wieder auf die Leipziger Jahre lenken. Auch die autographen Partituren der Huldigungskantaten zeigen, wie Bach die ihm vorgelegten Texte von seinem biblischen Denken her kommentiert. Dafür sei nur ein Beispiel genannt.

Den Namen seines Landes *Sachsen*, der in der Geburtstagskantate für die Königin öfter vorkommt, schreibt er dreimal in Anlehnung an die lateinische Fassung Saxonia in lateinischen Buchstaben *Saxen*. Nun kann man das X zugleich lesen als ein griechisches Chi, Symbol des Namens und Kreuzes Christi. Wir finden es im Schlußchor „Blühet, ihr Linden, in Sachsen wie Cedern" (BWV 214, 9), aber nicht gleich im Anfang, sondern erst im Takt 67:

---

[12] Eine eingehende Darstellung dieser Figuren in: Ludwig Prautzsch, Die Titelseiten der Kirchenmusik Johann Sebastian Bachs (in Vorbereitung).

17   65

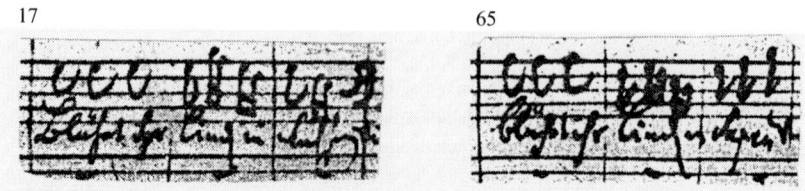

Nun kann man den Psalm 67 aufschlagen, um zu verstehen was Bach mit diesem Zeichen sagen wollte:

Ps. 67, 2-3   Gott, sei uns gnädig und segne uns, daß wir auf Erden erkennen seinen Weg, unter allen Heiden sein Heil!

Der gekreuzigte Christus mitten im Wort *Saxen* - das wäre das Heil für sein Land!

Hören kann man freilich diese Zeichen nicht, sie waren Bachs persönliches Gebet, hier für sein Volk und Land. Er stand in dieser Arbeitsweise noch der mittelalterlichen Tradition der Musica theorica nahe, einer Musik, die „allein im anschawen und tieffen nachsinnen bestehet"[13] . Sie hatte einen höheren Rang als die Musica practica, weil sie zum Nachdenken über Gott, seine Schöpfung und das Heilswirken Christi führte.

In Bachs autographen Partituren finden sich solche bemerkenswerten Zeichen zu Tausenden.
Zusammen mit den vielen musikalischen Besonderheiten sind sie Hinweise auf eine Unmenge von Psalmversen, die oft auch in einen genau überlegten Zusammenhang gebracht sind. Wir können geradezu von einer zweiten, geheimen biblisch-theologischen Komposition sprechen, die aber immer im Zusammenhang steht mit der musikalischen und der Aussage der Texte. Bach hat mit der Bibel vor den Augen gearbeitet; vieles hat er dabei aufgrund seiner Schulbildung und seiner großen Erfahrung wohl im Kopf gehabt.

Er stellt so sein ganzes Werk unter das Wort Gottes. Das verpflichtet ihn zu äußerst konzentriertem und gewissenhaften schöpferischen Arbeiten. Darin liegt auch der Grund für die formale Vollkommenheit seiner Werke und ihre nachhaltige Wirkung für alle Zeiten.

---

[13] Andreas Herbst, Musica poetica, Nürnberg 1643.

Vernehmen wir heute noch die Botschaft seiner Musik? Zeigt sie uns nicht den einzigen Weg, der zur Lösung unserer großen Probleme führen kann, in einer Welt, die immer wieder nur auf Besitz, Einfluß und Wachstum setzt?

Doch was würde er, Bach, sagen , wenn er die Aufführungen seiner Werke erleben könnte? Würde er uns nicht zurufen: Ihr musiziert vieles viel zu schnell, wer soll da die musikalischen Figuren vernehmen, die auffallenden Akkorde und Modulationen, die Abwandlungen der Themen, den Klang der Instrumente - alles Zeichen der Botschaft, wie soll sie euch dann erreichen? - Und wenn er den rauschenden Beifall nach (oder sogar vor) der Aufführung einer Passion hören müßte, würde er uns wohl die Frage stellen: Geht es hier eigentlich um die Ehre hochkarätiger Künstler oder um das Leiden dessen, der auf jeden Ruhm verzichtete? Geht euch das nicht unmittelbar an?

Bach selber hat aus diesen Gedanken Konsequenzen für sein Schaffen gezogen. Damit komme ich zum letzten Kapitel.

Johann Sebastian Bach vor seinem Gott

Wenn er in seinen Werken das Ende seines Lebens bedachte, blieb ihm nur eine musikalische Figur übrig, die figura muta, die stumme Figur, das Schweigen. Er hört auf, zu musizieren.

So verzichtet er in einigen Kantaten darauf, den Schlußchoral zu komponieren. Die Kantate „Was Gott tut, das ist wohlgetan" (BWV 98) beginnt zwar mit einer großen Liedbearbeitung für Chor und Orchester, am Schluß aber steht nur eine Arie:

> BWV 98, 5   Meinen Jesum laß ich nicht,
> Bis mich erst sein Angesicht
> wird erhören oder segnen.

Darauf wartet er und überläßt es gleichsam Gott, die Gedanken dieser Kantate zu vollenden.

In der Kantate „Wer weiß, wie nahe mir mein Ende" (BWV 27) hat ihm wohl der Text keine andere Wahl gelassen, als ein ähnliches Sinnbild zu setzen. Schon das erste Rezitativ sagt:

BWV 27, 2   Drum leb ich allezeit
zum Grabe fertig und bereit,
und was das Werk der Hände tut,
ist gleichsam, ob ich sicher wüßte,
daß ich noch heute sterben müßte.

Die letzte Arie geht noch einen Schritt weiter:

BWV 27, 5   Ich steh schon mit einem Fuß
bei dem lieben Gott im Himmel.

Und nun läßt er das Werk seiner Hände, sein Komponieren, ruhen und verzichtet darauf, einen Schlußchoral zu schaffen, sondern fügt den Satz von Johann Rosenmüller ein:

BWV 27, 6   Welt ade, ich bin dein müde,
ich will nach dem Himmel zu.

Bach ist bereit, das Ende seines Lebens und Wirkens Gott anheimzustellen. Das
wird noch spürbarer in den Werken, die mitten in einem Satz abbrechen als
Sinnbild des Sterbens.
Dafür gibt es Beispiele auch schon aus seiner Weimarer Zeit.

Das bekannteste ist die Kunst der Fuge. Aufgrund jahrelanger Forschungen
habe ich dargestellt, wie Bach dieses Werk absoluter Musik ohne jeden Text
durch musikalische Figuren und symbolische Zeichen in Verbindung gebracht
hat mit den ersten 18 Psalmen als Darstellung der Heilsgeschichte[14]. Die letzte
Fuge, die Fragment geblieben ist, gibt in Beziehung zum 18. Psalm ein Sinnbild
für den Weg Bachs zum Thron Gottes.

Die Fuge besitzt drei Themen. Das erste mit sieben Tönen, deren Folge vor-
oder rückwärts gelesen gleich ist, erscheint in gerader und umgekehrter Gestalt
und nur ein einziges Mal in einer Gestalt, die umgekehrt beginnt und in gerader
Richtung endet. Die drei Formen können als Sinnbild des dreieinigen Gottes
gedeutet werden.

---

[14] Ludwig Prautzsch, Vor deinen Thron tret ich hiermit, Neuhausen 1980.

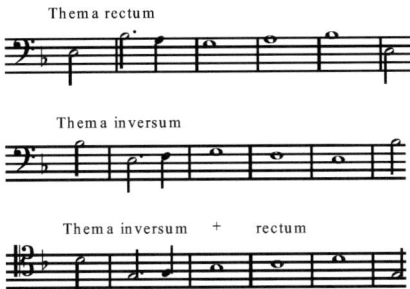

Die Durchführung dieses Themas ergibt den ersten Teil der Fuge als Verherrlichung des dreieinigen Gottes entsprechend dem neunfachen Lobpreis am Beginn des Psalms:

Ps. 18, 2-3   Herzlich lieb habe ich dich, Herr, meine Stärke, Herr, mein Fels, meine Burg, mein Erretter, mein Gott, mein Hort, auf den ich traue, mein Schild und Horn meines Heils und mein Schutz!

Ein zweites Thema in vielfach gewundenen Achtelläufen

bildet die Gedanken der folgenden Psalmverse ab als Figur der Bäche oder auch der Stricke:

Ps. 18, 5-6   Es umfingen mich des Todes Bande, und die Bäche des Verderbens erschreckten mich. Der Hölle Bande umfingen mich, und des Todes Stricke überwältigten mich.

Das erste Thema tritt hinzu entsprechend den Worten der nächsten Verse:

Ps. 18, 7   Da mir angst war, rief ich den Herrn an und schrie zu meinem Gott; da erhörte er meine Stimme von seinem Tempel.

10   Er neigte den Himmel und fuhr herab.

Nach einer ausführlichen Schilderung vom Niederfahren Gottes fährt der Psalm fort:

Ps. 18, 17   Er streckte seine Hand aus von der Höhe und holte mich und zog mich aus großen Wassern.

Das schildert Bach in den Figuren am Ende des zweiten Teils in der für den Hörer ergreifendsten Stelle: Die Achtelläufe verebben, und dann erscheint der Name b-a-c-h in den ersten Tönen des dritten Themas.

Der vierte und letzte Abschnitt der Fuge ist ganz kurz, nur ein einziges Mal werden alle drei Themen der Fuge miteinander verbunden, dann bricht die Fuge ab.

Dazu lesen wir weiter im Psalm:

Ps. 18, 20   Und er führte mich aus in den Raum, er riß mich heraus; denn er hatte Lust zu mir.

Was hätte hier für Bach anders stehen können als das Abbrechen aller Musik? Er weiß, daß er das Geschehen in der Ewigkeit nicht darstellen kann, das bleibt Gott überlassen.

Ein bekannter Musikwissenschaftler und Bachforscher schrieb mir einmal, er könne es sich nicht vorstellen, daß Bach bewußt Unvollkommenes und Unfertiges in seinem Werk beabsichtigt haben könne. Doch darin liegt gerade der Schlüssel für das Verständnis der Person Bachs, die sich in seiner Musik und vor allem in seinen Autographen offenbart. Nur, wer sich der Botschaft des Evangeliums von Jesus Christus öffnet, kann Bach begreifen.

Die Symbolsprache Johann Sebastian Bachs, dargestellt am Weihnachtsoratorium

Ein wesentlicher Teil des Weihnachtsoratoriums von Johann Sebastian Bach - die Mehrzahl der Arien und großen Chöre - wurde ursprünglich für einige weltliche Kantaten zur Huldigung für das kurfürstliche Haus geschaffen. Diese Frage wird am Schluß einige Überraschungen für mein Thema ergeben. Zunächst soll das Weihnachtsoratorium als musikalische und symbolische Interpretation der Weihnachtsgeschichte betrachtet werden, und das mit Recht; denn als Bach die weltlichen Sätze parodierte, hat er nicht einfach neue Texte unterlegt, sondern auch die musikalische Sprache, die Wahl der Instrumente und gelegentlich auch die melodische Führung der Stimmen dem neuen, weihnachtlichen Text angepaßt.

Seine Symbolik geht immer Hand in Hand mit der musikalischen Darstellung. Wenn er einem kirchlichen Text, hier dem Bericht der Evangelisten Lukas (Teil I-IV) und Matthäus (Teil V und VI), dazu den frei gedichteten Rezitativen, Arien und Liedstrophen Ausdruck verleihen will, benutzt er dafür verschiedene Mittel, die an einer Reihe von Beispielen gezeigt werden sollen.

Im Chor der Hirten: „Lasset uns nun gehen nach Bethlehem und die Geschichte sehen, die da geschehen ist, die uns der Herr kundgetan hat" (Nr. 26) setzt Bach in den Stimmen der Flöten und der Violine I eine Sechzehntelkette als musikalische Figur für das Laufen der Hirten - „und sie kamen eilend" heißt es im Evangelium. Die Beantwortung des Themas der Chorstimmen in Gegenbewegung ist demgegenüber ein theologisches Symbol: Der Weg nach Bethlehem zur Krippe ist zugleich eine Umkehr, eine Abkehr von unserem gewöhnlichen, falschen Weg.

In der Arie „Frohe Hirten, eilet, ach, eilet, ... eilt, das holde Kind zu sehn, geht und labet Herz und Sinnen" (Nr.15) sehen wir ähnliche Figuren des Eilens, sogar in Zweiunddreißigsteln, doch jetzt gehen die Stimmen der Soloflöte und des Tenors teilweise in Parallelbewegung.

Damit wird die musikalische Figur zum Symbol: Christus ist den Menschen gleich geworden, er ist mit uns auf dem Wege, den wir ohne ihn nicht finden würden. Das Motiv der absteigenden Tonleiter, das im Tenor und in der Flötenstimme öfter vorkommt:

leitet auch die Oberstimme im Chorsatz „Lasset uns nun gehen" ein. Die Hirten erinnern sich an die Aufforderung „Eilt, ach eilet!", die im zweiten Teil des Oratoriums, auf dem Feld von Bethlehem, durch die Tenorarie an sie ergangen war.

Als drittes einführendes Beispiel sollen die beiden ersten Rezitative des Oratoriums angeführt werden, das Evangelistenrezitativ „Es begab sich aber zu der Zeit" (Nr. 2), das bis zu den Worten führt: „und als sie daselbst waren, kam die Zeit, daß sie gebären sollte.", und das anschließende Accompagnato-Rezitativ

„Nun wird mein liebster Bräutigam ... einmal geboren werden. Nun wird der Stern aus Jakob scheinen, sein Strahl bricht schon hervor. Auf, Zion, und verlasse nun das Weinen, dein Wohl steigt hoch empor!" (Nr. 3).

Beide Rezitative, der Bericht des Evangelisten und die Antwort Zions, der gläubigen Seele, sind eng verbunden durch den letzten Generalbaßton des ersten Rezitativs, der ausgehalten wird und zum ersten Generalbaßton des folgenden Rezitativs wird.

Die enge Verbindung beider Rezitative wird zum Sinnbild der innigen Beziehung zwischen dem Bräutigam und seiner Braut.

Hier ist auch die Bedeutung der verschiedenen Stimmen zu erkennen. Der Tenor stellt den Evangelisten dar, die Altstimme symbolisiert überall im Oratorium die gläubige Seele. Dazu erklingen zwei Oboi d'amore = Liebesoboen als Zeichen der Liebe zwischen dem Bräutigam Christus und seiner Braut Zion.

Auf einige musikalische Figuren sei hingewiesen, so auf den hohen Ton zum Wort „Strahl" und den dissonanten verminderten Septakkord auf „Weinen". Der gleiche Akkord erklingt aber auch zum Wort „(Nun wird der Stern aus Jakob) scheinen": Christus nimmt das Weinen, das Leid der Seele auf sich.

Die erwähnten Figuren und Symbole sind zu hören, und der in die musikalische Sprache Bachs und der Barockkomponisten eingeweihte Hörer wußte sie zu deuten.

Hier soll nun ein erster Blick auf die Zahlensymbolik gerichtet werden, die nur von dem zu erkennen ist, der sich in die Partitur vertieft. Die beiden Rezitative besitzen die gleiche Anzahl von Tönen, das bedeutet: Der Bräutigam Christus wird seiner Braut, der gläubigen Seele, gleich. Die Zahl der Töne beträgt 162.

Solche hohen Zahlen müssen, wie es in den Schriften Augustins und Luthers[15] zu lesen ist, als Produkte symbolischer Zahlen gedeutet werden. Das ergibt hier: 2 x 3 x 3 x 3. Das sind die Zahlen des dreieinigen Gottes (3) und seines Sohnes (2) Zusammen haben die beiden Rezitative aber nur 323 Töne = 17 x 19, Symbolzahlen für die Erlösung (17), die wir vor Gottes Thron (19) zu erwarten haben: „Dein Wohl steigt hoch empor!"[16]

Symbolik der Instrumente

Trompeten und Pauken waren in der Anschauung der Barockzeit Symbole für die Herrscher, die Fürsten, die Könige. Nur an ihren Höfen durften sie gespielt werden, dazu in den freien Reichsstädten, und im Kurfürstentum Sachsen hatte Leipzig das gleiche Recht.

Bach setzt sie im Eingangschor wie in allen geistlichen Werken als klingendes Symbol für die königliche Macht Gottes und seines Sohnes ein. Im Mittelteil aber treten sie zunächst nicht auf, dazu kommt, daß auch die anderen Instrumente entweder schweigen (Holzbläser) oder nur kurze von Pausen unterbrochene Akkorde zu spielen haben (Streicher). Die Streicher sind das Symbol für den himmlischen Bereich und die göttliche Natur Christi. So werden in der Matthäuspassion die Worte Jesu begleitet von Streichern, sie sind wie von einem Heiligenschein umgeben. Holzblasinstrumente aber symbolisieren Christus als Menschen (s. S. 72 und 98).

Das Zurücktreten der Instrumente könnte sich auf die Worte beziehen: „Dienet dem Höchsten mit herrlichen Chören". Der Blick richtet sich jetzt auf die Chöre der Menschen, die den Höchsten anbeten, auf die irdische Lage. Doch Bachs Symbolik gründet tiefer: Der Höchste ist auf Erden nur in seiner Niedrigkeit zu erkennen, darum erklingen die Streicher nur in kurzen, abbrechenden Akkor-

---

[15] Aurelius Augustinus, Vom Gottesstaat, hsg. und übersetzt von W. Thimme, Zürich 1955, Bd. II, S. 456 u. a.; Martin Luthers Werke, Erlanger Ausgabe, Bd. 10, S. 281ff.

[16] Vgl. die Übersicht am Schluß. Ausführliche Darstellungen der von Bach benutzten Symbolzahlen in: L. Prautzsch, Vor deinen Thron tret ich hiermit, Neuhausen 1980, S.10ff.; ders., Johann Sebastian Bachs Titelseiten. Zeichen und Zahlenalphabet. (in Vorbereitung).

den. Wenn dann die Holzbläser die gleiche klangliche Funktion übernehmen, kann das als Hinweis darauf gesehen werden, daß Jesus auch als Mensch sein Leben hingegeben hat.

Schließlich tritt auch die erste Trompete hinzu, im Zwischenspiel, wenn der Chor schweigt, mit einem immer wiederholten tiefen Ton, dazu mit der ausdrücklichen Vorschrift *piano*, gleichsam stammelnd. Alles sind Klangsymbole für die Niedrigkeit und Ärmlichkeit,des Gottessohns.

In den anderen Sätzen des Oratoriums, die mit Trompeten besetzt sind, sprechen die Texte von der Herrschermacht Gottes und Christi:

Arie	„Großer Herr und starker König (Nr. 8)
Chor	„Herrscher des Himmels" (Nr. 24)
Chor	„Herr, wenn die stolzen Feinde schnauben, so gib, daß wir im festen Glauben nach deiner Macht und Hülfe sehn" (Nr. 54)
Chor	„Nun seid ihr wohl gerochen (gerächt) an eurer Feinde Schar; denn Christus hat zerbrochen, was euch zuwider war" (Nr.64).

Trompeten und Pauken erklingen aber auch zum Choral „Ach mein herzliebes Jesulein" (Nr. 9) und bezeichnen so den kleinen Sohn der Maria als den Herrn und König.

Den Gegenpol zu den Trompeten bilden die Querflöten, sowohl klanglich als die Instrumente mit dem besonders weichen Ton, als auch symbolisch. Sie werden unmittelbar durch den menschlichen Atem zum Klingen gebracht und gelten darum als Symbol für Jesus als Menschen von Fleisch und Blut (s. S. 72).

Die Oboen bezeichnen dagegen Geist und Seele des Menschen. Das bezieht sich in der Regel auf den Menschen Jesus, hier im Weihnachtsoratorium setzt Bach die Oboen aber auch als Instrumente der Hirten ein, die im zweiten und dritten Teil eine wichtige Rolle spielen.

Besonders deutlich wird die Symbolik der Holzblasinstrumente im zweiten Teil, der die Szene auf dem Feld von Bethlehem zum Inhalt hat. Hier treten die Oboen zu viert auf, zwei Oboen d´amore und zwei Oboen da caccia, Instrumente, die auf die Liebe als Regung der Menschenseele und auf die Jagd, das Suchen hinweisen, mit dem Jesus die Menschen gewinnen will.

In der einleitenden Sinfonia treten zwei Instrumentalgruppen einander gegenüber, die Streicher und die vier Oboen. Das Sinnbild ist sofort verständlich: Die Engel (Streicher) begegnen den Hirten (Oboen). Die beiden Flöten spielen die Stimme der 1. Violine mit: Die Engel bringen den Hirten die Kunde von dem neugeborenen Kind, dem Heiland, der menschliches Fleisch und Blut angenommen hat.

In der Arie „Frohe Hirten" ist die Flöte Soloinstrument als Sinnbild für den Gottessohn in menschlicher Gestalt (s. oben).

Die nächste Arie „Schlafe, mein Liebster" ist ein Wiegenlied, das eigentlich an dieser Stelle der Erzählung zu früh steht. Es wird den Hirten aufgetragen, dieses Lied dem Kind vorzusingen, wenn sie an die Krippe treten, und nun hören sie gleichsam in einer Vision, wie Maria dem Jesuskind das Schlaflied singt. Dabei geht die Flöte unisono mit der Altstimme, die hier die Maria symbolisiert, die ja als Urbild des Glaubens betrachtet wird[17]. Maria und ihr Sohn sind noch innig miteinander verbunden Der große Chor der Engel „Ehre sei Gott in der Höhe" (Nr. 21) wird von Akkorden des Orchesters begleitet, in denen sich Streicher und Holzbläser abwechseln. Jetzt teilen sich die Flöten, die erste spielt bei den Violinen mit, die zweite bei den Oboen.

Im Verlauf des Satzes ändert sich das. Im zweiten Abschnitt „Und Friede auf Erden" spielen die Oboen ruhige Akkorde - ein Bild des Friedens unter den Menschen, hier vertreten durch die Hirten. Darüber klingen die Dreitonmotive der Streicher, legato, wie ruhige Flügelschläge der Engel. Dabei spielen beide Flöten mit: Ein Sinnbild Gottes (3) und seines Sohnes (Flöten, 2), des Friedensfürsten.

Im dritten Abschnitt „Und den Menschen ein Wohlgefallen" blasen die Oboen weiterhin ruhige Akkorde, während Streicher, Flöten und Singstimmen eine Fuge durchführen als Sinnbild der neuen Ordnung, des Wohlgefallens, das den Menschen zuteil werden soll.

Dieser Aufbau wiederholt sich dann, aber die drei Abschnitte sind wesentlich kürzer, wohl als Symbol dafür, daß das Lob nicht nur dem starken Gott in der Höhe, sondern nun auch dem erniedrigten Gottessohn gilt. Im dritten Abschnitt nehmen jetzt auch die Oboen an dem kurzen Fugato teil: Auch die Hirten erfahren Gottes Wohlgefallen, die neue Lebensordnung.

---

[17] Walter Blankenburg, Das Weihnachtsoratorium von Johann Sebastian Bach, München und Kassel 1982, S. 31.

Danach fordert eine Baßstimme - wir können sie als einen der Hirten verstehen - dazu auf, in den Chor der Engel einzustimmen, und das geschieht im Schluß-choral „Wir singen dir in deinem Heer ... daß du, o lang gewünschter Gast, dich nunmehr eingestellet hast!" (Nr.23). Jetzt hören wir in der tiefsten Stimme der Streicher wieder die Motive der Sinfonia - nun aber musizieren Chor und Strei-cher colla parte, gemeinsam dieselben Stimmen, während zwischen den Liedzeilen die Oboen ihre Motive aus der Sinfonia spielen, jetzt zusammen mit beiden Flöten: Christus ist ein Mensch wie die Hirten geworden, die Menschen aber, in den Singstimmen wiedergegeben, gehören nun als Gottes Kinder zu den himmlischen Heerscharen.

So wird die Menschwerdung Christi durch das Herabkommen der Flöten von den Streichern zu den Oboen deutlich hörbar dargestellt.

Im Duett für Sopran und Baß „Herr, dein Mitleid und Erbarmen tröstet uns und macht uns frei. Deine holde Gunst und Liebe ... machen deine Vatertreu wieder neu" (Nr. 29) treten die Hirten vor die Krippe und singen ihr Danklied. Dabei haben sie - ähnlich wie im Chor „Lasset uns nun gehen" (Nr. 26, s. o.) - die ihnen aufgetragene Melodie noch im Ohr gehabt; denn die Motive stammen aus der Schlummerarie der Maria (Nr. 19). Begleitet werden sie von den Oboen d´amore, den Hirteninstrumenten und zugleich Symbolen der Liebe Gottes.

Zwei accompagnato-Rezitative im dritten Teil werden von je zwei Flöten be-gleitet. Das erste (Nr. 27) folgt auf die Worte der Hirten, sie wollen „die Ge-schichte sehen, die da geschehen ist" - dann erklingen die beiden Flöten als Symbol des kleinen Menschenkindes von Fleisch und Blut: „Er hat sein Volk getröst, ... die Hülf aus Zion her gesendet."

Das zweite folgt auf die Arie der Maria „Schließe, mein Herze dies selige Wunder fest in deinem Glauben ein" (Nr. 31), eine Meditation in Form einer sehr freien, immer in neue Abwandlungen führenden Bearbeitung eines The-mas. Dann fährt die Altstimme fort: „Ja, ja, mein Herz soll es bewahren, was es in dieser holden Zeit zu seiner Seligkeit als sicheren Beweis erfahren", und der Beweis liegt in der Gestalt des kleinen Kindes vor ihren Augen, symbolisiert durch die beiden Flöten.

Im vierten Teil zum Fest der Beschneidung und Namensgebung Christi führt Bach als neue Instrumente zwei Hörner, *Corni da caccia*, ein. Auch sie symbolisieren Gott und Christus als König, doch er sitzt auf dem Gnadenthron, wie es der Eingangschor sagt: „Fallt mit Danken, fallt mit Loben vor des Höchsten Gnadenthron:" (Nr. 36). Dem entspricht der weichere Klang der Hörner gegenüber dem der Trompeten, und der Zusatz *da caccia* = Jagdhörner weist darauf hin, daß Jesus die Menschen fangen, gewinnen will.

Die Bedeutung des Generalbasses, der als tragender Grund aller Harmonie den allmächtigen Gott symbolisiert, wird in einigen Beispielen am Schluß meiner Betrachtung besonders eindrucksvoll zu erkennen sein.

Symbolik der Satzformen

Im Chor der Engel „Ehre sei Gott in der Höhe" (Nr. 21) sahen wir schon eine recht kunstvolle symbolische Form des Satzaufbaus. Im Gegensatz dazu steht die schlichte Form des Eingangschors im dritten Teil „Herrscher des Himmels, erhöre das Lallen, laß dir die matten Gesänge gefallen" (Nr. 24), ganz regelmäßig in 4-Takt-Perioden gegliedert, ein Abbild des irdischen Singens, des Lallens, der matten Gesänge.

Die beiden Arien des vierten Teils heben sich durch ihre Formen von den anderen ab. Die erste ist die Echo-Arie „Flößt, mein Heiland, flößt dein Namen auch den allerkleinsten Samen jenes strengen Schreckens ein? - Nein, du sagst ja selber: Nein! - Sollt ich nun das Sterben scheuen, oder sollt ich mich erfreuen? - Ja, du sagst ja selber: Ja!" (Nr. 39). Die Antworten Nein und Ja werden stets durch eine Echostimme wiederholt, dazu kommt dann meist ein zweites Echo der Solooboe. Nur bei der jeweils letzten Wiederholung der beiden Fragen wird das Nein oder Ja sogleich unmittelbar von der Echostimme gesungen. Damit wird zwar die eigentliche Echoform durchbrochen, aber die Bedeutung der Echostimme wird nun erkennbar: Es ist die kleine schwache Stimme des Jesuskindes, der die Antwort gibt. Die Zahl der Antworten hat einen tiefen symbolischen Sinn: 11mal Nein und 11mal Ja weist daraufhin, daß Jesus die Sünde (11) auf sich nimmt, 22 Antworten insgesamt weisen auf den 22. Psalm hin, den Jesus am Kreuz betet: „Mein Gott., mein Gott, warum hast du mich verlassen?" Weil Christus in die Verlassenheit von Gott und in den Tod gegangen ist, brauchen wir das Sterben nicht mehr zu scheuen. Die zweite Arie „Ich will nur dir zu Ehren leben" (Nr. 41) ist eine vierstimmige Fuge für Tenor, zwei Violinen und Generalbaß. In ihrer strengen Form ist sie Symbol der neuen Ordnung für unser Leben, die uns durch Christus geschenkt wurde. Der Generalbaß als Sinnbild für den allmächtigen Gott ist der Grund des Glaubens, die Violinen symbolisieren den Geist Gottes, ohne dessen Beistand ein Leben in der Nachfolge Jesu nicht möglich wäre.

Symbolische Zeichen

Im fünften und sechsten Teil wird nach dem Evangelium des Matthäus die Anbetung der drei Weisen geschildert, deren Weg in die falsche Richtung, zum König Herodes, den fünften Teil bildet, im sechsten folgen dann der Weg zur Krippe, Anbetung und Rückkehr. Um die Gedanken der verschiedenen Wege symbolisch darzustellen, hat sich Bach recht ungewöhnliche Sinnbilder einfallen lassen.

Wenn man sich die Partitur des Eingangschors zum fünften Teil betrachtet, erkennt man gleich in Takt 2 ein Dreiklangsmotiv mit vielen Zacken in den Stimmen der Streicher als Figur des Sterns, der vor den Weisen her zog, ähnliche Motive finden wir in der Kantate „Wie schön leuchtet der Morgenstern (BWV 1).

In der autographen Partitur entdeckt man plötzlich am Ende des Taktes 20 eine Reihe von 10 Sternzeichen durch die ganze Akkolade, in jedem Notensystem eins.

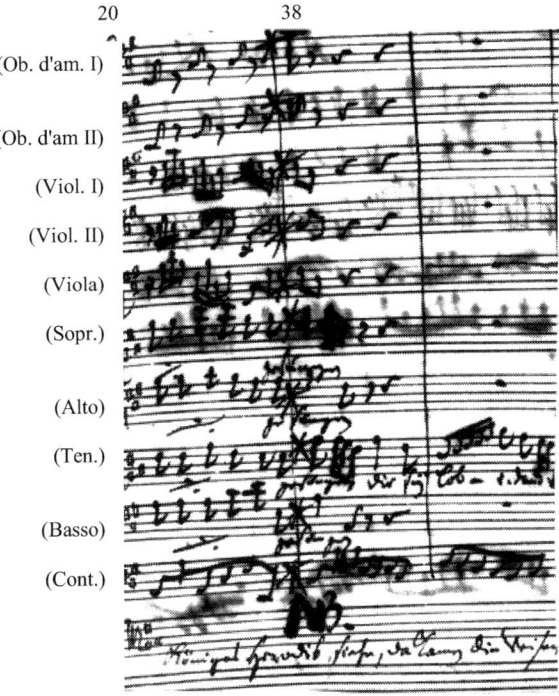

Schaut man sich die Noten an, stellt man fest, daß Bach sich hier verschrieben hat. Statt des Taktes 21 folgt hier der Takt 31, der in den Streichern und Sing-stimmen mit den gleichen Noten beginnt wie Takt 21. Die Sterne - in Verbin-dung mit den Buchstaben NB, Nota bene, gib acht! unter der Akkolade - sind also Verweiszeichen auf die folgende Seite, die nachträglich eingefügt ist und die fehlenden Takte 21 - 30 enthält. Dort finden wir über dem Takt 21 wieder einen Stern und die Buchstaben NB, am Schluß der Seite und des Taktes 30 im 2., 3.,4/5. und 9. Notensystem wieder je einen Stern, der aber im 3. und 4/5. System nur vier Strahlen hat und darum besser als schräges Kreuz bezeichnet werden muß.

42

(Ob. d'am. I)

(Ob. d'am. II)

(Viol. I)

(Viol. II)

(Viola)

(Sopr.)

(Alto)

(Ten.)

(Basso)

(Cont.)

21

Hier lernen wir eine neue Art Bachscher Symbolik kennen, Zeichen, die nicht zu hören, sondern nur beim Lesen der Partitur zu erkennen sind. Zeichen dieser Art hat Bach sehr häufig in seine Partituren geschrieben. Mit großem Geschick hat er sie oft so angebracht, daß sie nicht auf den ersten Blick als Symbole zu erkennen sind. So auch hier: Verweiszeichen sind offensichtlich nötig, Sterne jedoch kommen in Bachs Noten sonst nicht vor, nur eben hier, wo sie eine besondere Beziehung zur Aussage dieser Komposition haben.

So fällt die Deutung dieser Zeichen nicht schwer. Die Weisen gehen zunächst einen falschen Weg. Wohin er führt, gibt die Stelle an, die unmittelbar unter den Buchstaben NB steht. Bach hatte unter dem Eingangschor auf den freigebliebenen Notensystemen das folgende Evangelistenrezitativ eintragen wollen, aber nur den Text niedergeschrieben. Dadurch kommt unter die Sternenreihe und das *NB* der Name *Herodis*.

Das Weitergehen in den folgenden Takt ist der falsche Weg, wie ihn auch die Weisen zunächst zum König Herodes gegangen sind. Hätten sie auf den Stern geachtet - Nota bene! - , hätten sie den rechten Weg zur Krippe nicht verfehlt.

Sterne und Kreuze sind nun zugleich Symbole für den Lebensweg Christi von der Geburt bis in den Tod. Das Kreuz ist außerdem der erste Buchstabe des Namens Christus in der griechischen Schrift des Neuen Testaments. Nur Christi Heilsweg von der Krippe bis zum Kreuz kann uns helfen, den rechten Weg zu gehen.

Die eingefügte Seite mit den Noten des richtigen Weges enthält noch zwei Zeichen: Der Kustos am Ende der ersten Zeile im zweiten Notensystem, der die folgende Note in der nächsten Akkolade anzeigt, war zunächst eine Oktave zu hoch angesetzt . Der neue, richtige Kustos durchschneidet mit seinem Achtelfähnchen den Hals des alten so, daß auch hier ein schräges Kreuz entstanden ist.

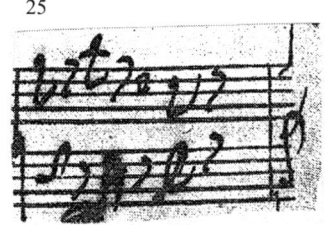

(Ob. d'am. I)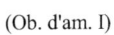

(Ob. d'am. II)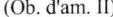

44

Das zweite Zeichen ist eine Rasur in der Altstimme, falsche Noten sind ausradiert worden, neue, richtige, sind eingetragen, aber sehr verschwommen, wie eben Tinte auf einer radierten Fläche ausläuft.

26

(Ob. d'am. I)
(Ob. d'am. II)
(Viol. I)
(Viol. II)
(Viola)
(Sopr.)
(Alto)

Beide Stellen können hier wieder nur aus dem Zusammenhang mit den anderen Zeichen als symbolische Zeichen gedeutet werden: Der rechte Weg führt durch das Kreuz Christi als Kustos = Wächter zum Auslöschen der Sünde Die Altstimme, der gläubige Mensch, weiß darum, ist aber immer wieder angefochten. Sinnbild dafür sind die zwar richtigen, aber sehr undeutlichen Noten.

Symbolische Zeichen als Psalmhinweise

Als Bestätigung für diese Deutung können wir noch eine andere Methode Bachscher Symbolik heranziehen. Alle Stellen, die in seinen Kompositionen oder als Zeichen in den Partituren auffallen, hat Bach so angeordnet, daß sie auf einen Psalmvers hinweisen. Diese sehr präzise Angabe ergibt sich durch die Zahl des Taktes als Zahl des Psalms und die Zahl der Note innerhalb des Taktes als die des Psalmverses, der sich dann als Kommentar zur betreffenden Stelle erweist, zum Text oder zur Musik oder auch nur zum symbolischen Zeichen[18].

Hier ergeben sich folgende Psalmworte:

---

[18]Ausführliche Darstellungen dieser Arbeitsweise Bachs in: L. Prautzsch, Vor deinen Thron tret ich hiermit, Neuhausen 1980. S. 55 u. a. m., sowie in: L. Prautzsch, Die verborgene Symbolsprache Johann Sebastian Bachs (in Vorbereitung).

Takt 20,	Sterne in den Systemen der Instrumente, die Christus symbolisieren
Ps. 20, 3	Er sende dir Hilfe vom Heiligtum und stärke dich aus Zion.
9	Sie sind niedergestürzt und gefallen, wir aber stehen aufgerichtet.
11	Dieser Vers ist im 20. Psalm nicht mehr enthalten, doch führt dieser Stern im 3. System (Violine 1) wie auch einige andere hinüber in den folgenden Takt 31.
Ps. 31,1	Herr, auf dich traue ich, laß mich nimmermehr zu Schanden werden!

Dem Jesuskind droht - ausgelöst durch das Erscheinen der Weisen am Hof zu Jerusalem - die Verfolgung durch Herodes, doch Gott hilft ihm heraus, während die anderen Kinder in Bethlehem im Tod „niedergestürzt und gefallen" sind..

| Takt 20, | Sterne in den Systemen des Chors und des Continuo |
| Ps. 20, 6 | Wir rühmen, daß du uns hilfst, und im Namen unsers Gottes werfen wir Panier auf. |

Den Menschen zeigen die Sterne den Weg zur Erlösung, sie können den Namen Gottes auf ihr Panier, ihr Banner, schreiben. So gilt den Systemen der Chorstimmen dasselbe Psalmwort wie dem Continuo.

Takt 21,	Stern und NB über dem Taktbeginn
Ps. 21, 1	Ein Psalm Davids. Herr, der König freut sich in deiner Kraft.
Takt 25,	Kreuz im 2. System im Kustos als 4. und 5. Note
Ps. 25, 4-5	Herr, zeige mir deine Wege und lehre mich deine Steige! Leite mich in deiner Wahrheit..., denn du bist der Gott, der mir hilft, täglich harre ich dein.

Diese Worte werden durch ein Zeichen im System der Oboe d´amore zitiert, die ja Symbol für die Liebe Jesu zu den Menschen ist. Sie beziehen sich daher auf das Jesuskind, dessen Leidensweg schon wenig später beginnt. Der Kustos zeigt uns nun den rechten Weg, den Christus und auch wir gehen sollen, es ist der Weg, der zum Kreuz führt.

| Takt 28, | 1.- 6. Note auf Rasur im System der Altstimme |

Ps. 28, 1-5	Wenn ich rufe, Herr, mein Hort, so schweige mir nicht; auf daß nicht, wo du schweigest, ich gleich werde denen, die in die Hölle fahren. - Zeuch mich nicht hin unter den Gottlosen..., denn sie wollen nicht achten auf das Tun des Herrn noch auf die Werke seiner Hände.
6	Gelobet sei der Herr, denn er hat erhört die Stimme meines Flehens.

An dieser Stelle schweigen die Instrumente - Sinnbild für das Verstummen Jesu im Tod, das ist die Anfechtung, in der die Gläubigen stehen. Sie können den Heiland nicht mehr erkennen und nur im Glauben wissen, daß Gott sie erhört, und dem entspricht das Bild der verschwommenen Noten. Wir wollen das Zeichen für Gottes Schweigen im Auge behalten, es werden uns später ähnliche Figuren begegnen

Der 6. Note, die wieder klar zu erkennen ist, entspricht der 6. Psalmvers, der erfüllt ist von der Gewißheit des Glaubens.

Takt 30, Ps. 30, 9, 11	Kreuze in den Systemen der Streicher Ich will, Herr, rufen zu dir. - Herr, sei mein. Helfer! Sterne in den Systemen der Oboe d´amore 2 und des Basses
Ps. 30, 3	Herr mein Gott, da ich schrie zu dir, machtest du mich gesund.
6	Denn sein Zorn währet einen Augenblick, und er hat Lust zum Leben. Den Abend lang währet das Weinen, aber des Morgens die Freude.

Die Kreuze bei den Streichern symbolisieren den Gottessohn in seinem Todeskampf, die Sterne für die Symbole des Menschen Jesu (Oboe d´amore) und seiner Gläubigen (Singstimme) sind Zeichen der Hilfe, die Gott schenkt.

Der Rückblick auf die ganze Gruppe von Zeichen in diesem Satz zeigt, daß Bach Symbole dafür gesetzt hat, daß der rechte Weg nicht zu einem König mit weltlicher Macht, sondern zu dem führt, der in das Leiden und ans Kreuz gehen wird. .

Mitten in den anschließenden Chor der Weisen: „Wo ist der neugeborne König der Juden?" (Nr. 45) ist ein Rezitativ so eingefügt, daß wieder wie in Nr. 2/3 ein Generalbaßton beide miteinander verknüpft. Die Altstimme singt: „Sucht ihn in meiner Brust, hier wohnt er, mir und ihm zur Lust". Auch hier ist die

Altstimme Symbol eines gläubigen Menschen, und dabei ist überraschend, daß
es sich um einen der Weisen handelt. Im zweiten Teil des Rezitativs wird ausdrücklich hervorgehoben, daß sie als Heiden gekommen sind, Jesus anzubeten,
obwohl sie ihn noch gar nicht kennen. Bach kennzeichnet den Beginn des Rezitativs durch die Angabe *Recit.* über der Akkolade. Als Psalmvers ergibt sich
hier:

> Ps. 12, 2   Hilf Herr, die Heiligen haben abgenommen, und der
> Gläubigen ist wenig unter der Menschen Kindern.

Nur eine unter den vier Stimmen ist zum Symbol der wenigen Gläubigen auser-
sehen.

Im Verlauf des Satzes erscheinen noch einige andere Zeichen:
In der Mitte des Taktes 20 steht ein zusätzlicher Taktstrich, der aber das System
des Continuo nicht mehr berührt und zudem durchgestrichen ist.

20/9   21

48

Er soll darauf hinweisen, daß sich den Weisen auf ihrem Weg aus dem „Morgenlande" - wie sie an dieser Stelle singen - Hindernisse entgegenstellen. In Jerusalem stehen sie zunächst vor Herodes, der zum Todfeind Jesu wird. Das Psalmwort zu dieser Stelle lautet:

Ps. 20, 2   Der Name des Gottes Jakob schütze dich, er sende dir Hilfe vom Heiligtum.

Die Hilfe wird ihnen zuteil, sie werden nach Bethlehem gewiesen und folgen dem Stern. Fünf Takte später beginnt ein zweiter rezitativischer Abschnitt, doch er ist im Baßsystem notiert. Dazu schreibt Bach: „NB Dieß Recit. muß im Alt transponirt werd."

25 / 14

(Ten.)

(Basso)

(Cont.)

Das bedeutet: Die Worte des Rezitativs „Wohl euch, die ihr das Licht gesehen, es ist zu eurem Heil geschehen" gelten dem, der auf den Herrn schaut, hier symbolisiert in der Altstimme, die auf das Baßsystem schauen muß, in dem Bach gelegentlich die Stimme Jesu notiert. Das bestätigt wieder das Psalmwort:

Ps. 25, 2   Mein Gott, ich hoffe auf dich, laß mich nimmermehr zu Schanden werden.

Der Stern, der nun den Weisen den rechten Weg zeigt, erscheint kurz danach im System des Continuo, entstanden durch die Streichung eines zu früh eingetragenen Notenkopfes. Das Psalmwort zu diesem Zeichen lautet:

Ps. 27, 2   Der Herr ist mein Licht und mein Heil

An dieser Stelle beginnen die Worte des Rezitativs, die ähnliches sagen: „es ist zu eurem Heil geschehen"..

Das nächste Zeichen ist ein breiter schwarzer Balken im System der zweiten Violine in Takt 31 zu den Worten „und sie (die Heiden), sie kennen dich noch nicht".

Das Sinnbild der Finsternis, in der die Heiden stecken, wird begleitet vom Psalmvers:

> Ps. 31, 1   Herr, auf dich traue ich, laß mich nimmermehr zu Schaden werden!

Im letzten Takt steht vor der ersten Note im Continuo ein dicker schwarzer ovaler Fleck, den die Note mittels ihrer Hilfslinie wie einen Schild vor sich hält.

Der Fleck ist wohl durch die Tilgung einer falschen Note entstanden. Damit ergeben sich durch Zeichen und Note zwei Psalmverse, die dem Bild von der Hilfe Gottes, die er seinem durch Herodes bedrohten Sohn senden möge, entsprechen:

Ps. 35, 1-2   Herr,...streite wider meine Bestreiter, ergreife den Schild und Waffen, mir zu helfen!

Auch die Psalmworte zur Schlußnote in jedem System erinnern an die Gefahr, die Jesus droht (Ps. 35, 3, 4 und 7).

Die Überschrift über Takt 12, *Recit.*, deutet aber die Möglichkeit an, von hier aus eine neue Zählung zu beginnen, wenn auch in den Notensystemen kein Doppelstrich das Ende eines Satzes bezeichnet. Damit wird durch eine andere Reihe von Psalmworten der Weg eines gläubigen Menschen, der im Rezitativ hier zum ersten Mal auftritt, deutlich gemacht.

Falscher Taktstrich im Altsystem - „Wir haben seinen Stern ge(sehen)"

Ps. 9, 4   (Ich bin fröhlich in dir), daß du meine Feinde hinter sich getrieben hast.

Transposition in den Alt in Takt 14, 2 - „Wohl euch, die ihr das Licht gesehen"

Ps. 14, 2   Der Herr schaut vom Himmel auf der Menschen Kinder, daß er sehe, ob jemand klug sei und nach Gott frage.

Eben diesen Gedanken bringt Bach durch sein Zeichen zum Ausdruck: Der Alt, die Stimme des Glaubens, muß auf die Baßstimme schauen, die hier Jesus symbolisiert, er muß nach Gott fragen, um in froher Gewißheit die Worte vom Heil zu singen.

Stern im Continuosystem - „Es ist zu eurem Heil geschehen"

Ps. 16, 2   Ich habe gesagt zu dem Herrn: Du bist ja der Herr, ich weiß von keinem Gut außer dir.

Schwarzer Balken im System der Violine 2 - „Und sie, sie kennen dich noch nicht"

Ps. 20, 1-2   Ein Psalm Davids. Der Name des Gottes Jakob schütze dich.

Durch ihre Reise nach Bethlehem werden die Weisen als erste unter den Heiden zu Anhängern Christi, die den Namen des Gottes Jakobs tragen dürfen. Sie gehören zum Israel Gottes (Gal. 6, 16).

Fleck im Continuo, Schlußnoten - „Wie klar muß nicht dein Schein geliebter Jesu, sein!"

Ps. 24, 1-4, 7   Die Erde ist des Herrn... Machet die Tore weit und die Türen in der Welt hoch, daß der König der Ehren einziehe!

Dieses Psalmwort ist die Krönung der Psalmen zu diesem Satz: Jesus als der wahre König der Ehren kommt in diese Welt..

Solche Psalmstrukturen, die man öfter in Bachs Werken entdecken kann, lassen den Betrachter immer wieder erstaunt fragen, wie es Bach gelingen konnte, mehrere Psalmzählungen so zu verbinden, daß an den betreffenden Stellen immer wieder ein passendes Psalmwort erscheint..

Symbolik der Sprache

Der fünfte Teil enthält nur den Irrweg der Weisen, ihre Geschichte ist noch nicht abgeschlossen. Darum steht am Ende dieses Teils kein großer Schlußchor oder ein mit Zwischenspielen ausgestatteter Schlußchoral, sondern nur ein schlichter Choralsatz. In ihm wird noch einmal auf die unterschiedlichen Wege hingewiesen, die wir Menschen gehen können.

In der Partitur lautet der Text (Nr. 53):

Zwar ist solche Herzensstube
wohl kein schöner Fürstensaal,
sondern eine finstre Grube,
doch sobald dein Gnadenstrahl
in demselben nur wird blinken,
wird es voller Sonnen dünken.

In den autographen Stimmen für Sopran, Tenor und Baß heißt es aber: „in derselben nur wird blinken".

Das ist zwar grammatisch korrekt, doch die Altstimme weiß es besser, dort steht wie in der Partitur: „in demselben". Die Herzensstube des gläubigen Menschen ist bereits ein Fürstensaal, weil in demselben schon das Licht Jesu leuchtet wie die Sonne. Die anderen Menschen haben aber noch ein Herz wie eine finstre Grube, in derselben das Licht noch aufscheinen muß[19].

Psalmhinweise durch musikalische Figuren

Der sechste Teil beginnt mit einem großen fugierten Eingangschor „Herr, wenn die stolzen Feinde schnauben" (Nr. 54). Hier möchte ich zeigen, wie Bach auch die musikalisch auffallenden Stellen so anordnet, daß sie auf entsprechende Psalmworte hinweisen.

Das Vorspiel des Orchesters beginnt mit dem Thema in der ersten Trompete als Sinnbild für die Macht Gottes. Noch wird es nicht als Fuge durchgeführt. Auffallend ist dann eine Stelle, die piano ausgeführt wird. Während die Trompete I einen ruhenden Ton bläst, steigen Oboe I und Violine I in einem verminderten Septakkord empor.

---

[19] L. Prautzsch, Finstre Grube oder Fürstensaal?, in: Musik und Kirche, 56. Jg. 1986, S. 300.

Das ist eine dissonante Figur, Saltus duriusculus, ein harter Sprung, sie weist auf etwas Böses oder Schmerzliches hin, wohl auf den Leidenskampf Christi, der zur Überwindung der Feinde führt.

Die Figur führt zu

Ps. 21, 2   Herr, der König freut sich in deiner Kraft!

In Takt 45 erscheint das gleiche Motiv, aber umgekehrt, absteigend, dazu erklingt auch hier ein ruhender Ton in der 1. Trompete, piano geblasen .Dazu sagt der 45. Psalm:

Ps. 45, 2   Ich will singen von einem Könige

Der Psalm beschreibt den König dann als einen Helden, der für die Elenden in den Kampf zieht, um ihnen Recht zu verschaffen. Der leidende Christus wird an beiden Stellen durch die Trompete und das Psalmzitat als König symbolisiert.

Dann setzt in Takt 49 der Chor ein, beginnend mit dem Tenor wird das Thema als Fuge durchgeführt, Symbol der neuen Ordnung, in der die Gläubigen durch Christus leben dürfen.

Ps. 49, 1   Ein Psalm der Kinder Korah.

Als die aufrührerische Rotte Korah vernichtet wurde, blieben ihre Kinder von der Todesstrafe verschont (4. Mose 26, 11). Auch wir Christen sind vom Tod errettet und können im ewigen Leben, der neuen Ordnung, bleiben.

Immer wenn das Motiv für das Leiden Christi im Orchester erscheint, schweigt der Chor, setzt danach gleich wieder ein: „(so können wir den scharfen Klauen des Feindes) unversehrt entgehn.". Christus aber geht allein den Weg zum Kreuz.

Ein neuer Teil beginnt in Takt 161. Wieder beginnt die Trompete I mit dem Thema. Von hier an wird auch die Psalmenzählung neu begonnen. Der Chor setzt in Takt 5 ein, jetzt aber mit dem gleichzeitigen Einsatz aller vier Stimmen, eine machtvolle Figur, ein Noema, das aufhorchen läßt.

Ps. 5, 1   Ein Psalm Davids, vorzusingen für das Erbe.

54

Alle Nachkommen sollen von der Heilstat Christi erfahren!

Im letzten Abschnitt hören wir einige eindrucksvolle musikalische Figuren.

| Takt 58, 2, | Abreißen aller Stimmen, eine Figura muta, eine stumme Figur: „Herr, wenn - Pause - die stolzen Feinde schnauben.." |
| Takt 62, 2, | ebenfalls eine Figura muta: „so gib, - Pause - daß wir im festen Glauben.." |

Hier sehen wir wieder Figuren des Schweigens mit entsprechenden Psalmworten. Den stolzen Feinden gilt

| Ps. 58, 2 | Seid ihr denn stumm, daß ihr nicht reden wollt, was recht ist, - ihr Menschenkinder? |

Den Gläubigen aber entspricht der Psalmvers:

| Ps. 62, 2 | Meine Seele ist stille zu Gott, der mir hilft. |

Die Gottlosen verstummen, weil sie Unrecht nicht verhindern wollen, die bedrängte Seele wartet still auf Gottes Hilfe.

In Takt 66 beginnt im Sopran ein langer Ton von 13 Taktschlägen (Achteln) auf das Wort „festen" als Symbol des Glaubens, der bis in den Tod (Zahl 13) beständig bleibt. Er führt bis in den Takt 7O, 1. Dort, gleichsam im Angesicht des Todes, sagt der Psalm:

Ps. 70, 1   Eile Gott, mich zu erretten!

Nun folgen in geradezu dramatischer Dichte die Figuren und Psalmverse. Eine überraschende Modulation nach g-Moll erklingt in Takt 74, 1.

Ps. 74, 1   Gott, warum verstößest du uns und bist so grimmig zornig über die Schafe deiner Herde?

Doch schon im folgenden Takt ist das b wieder aufgelöst zum h - musikalische Figur des Querstands, einer Katachrese -, und zwar im Alt, der Stimme des Glaubens:

Ps. 75, 1 - 2   Ein Psalm und Lied Asaphs. Wir danken dir und verkündigen deine Wunder, daß dein Name so nahe ist.

Asaph war Sänger am Tempel, der Name steht hier für Bach, den Kantor. Das war eine im Barock übliche Anspielung, auch der Grabstein für Heinrich Schütz in der Kreuzkirche zu Dresden bezeichnete diesen als „Assaphus Christianus".

In Takt 77 beginnt zum letzten Mal das Motiv des absteigenden verminderten Septakkords im Orchester, piano gespielt.

Ps. 77, 2   Ich schreie zu Gott,... und er erhört mich.

Noch ist das Motiv des leidenden Christus nicht beendet, da setzt schon im folgenden Takt der Chor ein, was er bisher nie durfte, und singt - ich habe das immer forte singen lassen - „nach deiner Macht". Dabei wird er nun nicht mehr vom Orchester gestützt, das ja das Christusmotiv zu spielen hat, die Menschen fühlen sich von Gott verlassen. Im folgenden Takt bricht der Chor mitten im Satz ab, wieder eine Figur des Verstummens.

Ps. 78, 1	Höre, mein Volk..., neiget eure Ohren zu der Rede meines Mundes!
Ps. 79, 2	Sie (die Heiden) haben die Leichname deiner Knechte den Vögeln unter dem Himmel zu fressen gegeben und das Fleisch deiner Heiligen den Tieren im Lande.

Das ist ein Aufruf, in der letzten Bedrängung durch Teufel und Tod sich ganz auf Gott einzulassen.

Wir blicken zurück auf vier Figuren des Schweigens, das böswillige der Gottlosen, das Verstummen im Tode der Knechte Gottes, der gläubigen Märtyrer, Jesu Schweigen im Sterben, das stille Warten im Glauben an Gottes Hilfe. Das allein ist unsre Stärke.

Auch der Schluß des großen Eingangschors in Takt 81 führt, wie in jedem andern Satz, zu einem Psalmwort:

Ps. 81, 1-2	Auf der Gittith. Asaphs. Singet fröhlich unserm Gott, der unsre Stärke ist!

Im sechsten Teil wird außer der Anbetung der Weisen vor der Krippe besonders die Feindschaft des Herodes dargestellt, der das Jesuskind töten will, und das Eingreifen Gottes, der die Pläne des Königs vereitelt Das wird im Oratorium zum Gleichnis für den Kampf gegen den Satan, der Christus und die Gläubigen in der Welt bedrängt und dessen Macht durch das Heilswerk Christi gebrochen wird.

Besonderen Ausdruck finden diese Gedanken in der Arie „Nur ein Wink von seinen Händen bricht ohnmächtger Feinde Wut" (Nr. 57). Eine kraftvolle musikalische Geste ist das erste Thema mit den beiden Staccato-Tönen.

Ihr erstes Auftreten in Takt 2, 5. und 6. Note, führt zu den Psalmversen

Ps. 2, 5-6   Er wird einst mit ihnen reden in seinem Zorn und mit seinem Grimm wird er sie schrecken. Aber ich habe meinen König eingesetzt auf meinem heiligen Berge Zion.

Wenn der Sopran seinen Part beschließt, führen Oboe d´amore und Violine I in einem tiefen Abstieg hinunter auf das kleine a, danach beginnt noch ein auffallend langes Nachspiel des Orchesters. Das müssen wir als Sinnbild verstehen für den Wink, den Gott durch seinen Sohn ohne menschliches Zutun - also ohne die Singstimme - den Feinden, erteilt. Dazu die Psalmworte:

Ps. 69, 8   Denn um deinetwillen trage ich Schmach, mein Angesicht ist voller Schande.

Das tiefe Absteigen der Instrumente symbolisiert die Erniedrigung Christi bis zum Tod, das ist der Wink Gottes, der die Feinde Gottes stürzt.
Der Satz schließt mit dem 97. Takt:

Ps. 97, 1   Der Herr ist König, des freue sich das Erdreich!

Zahlensymbolik

Zahlensymbolik in den Werken Bachs kann man nicht nur an einzelnen interessanten Stellen nachweisen wollen, Bach hat sie nicht nur hier und da eingesetzt wie die Rosinen im Weihnachtsstollen. Wer sich darauf beschränkt, erliegt der Gefahr, nur mit Spekulationen umzugehen. Die gefundenen Stellen könnten sich alle zufällig ergeben haben. Es ist vielmehr wichtig, ganze Sätze, ja ganze Werke zu untersuchen, um die großen Strukturen zu erkennen, die Bach als wahre zahlensymbolische Kunstwerke aufgebaut hat. Ich spreche gern vom Zahlenkosmos. Wichtig ist dabei, daß man immer von den autographen Partituren oder von Originaldrucken ausgeht, nicht von Neuausgaben. Auch muß man in jedem Teilbereich auf die Übereinstimmung mit dem Text und den musikali-

schen Figuren und gegebenenfalls symbolischen Zeichen und deren theologischer Aussage achten.

In einer so umfangreichen Handschrift wie der Partitur des Weihnachtsoratoriums gibt es nun aber viele Stellen, die nicht eindeutig zu entziffern sind, so daß
das Endergebnis der Zahlenberechnung oft nur eine Vermutung sein kann, die
durch Beziehungen zum Text, Figuren und anderen symbolischen Mitteln mehr
oder weniger Wahrscheinlichkeit gewinnt Ich beschränke mich daher hier auf
Sätze, die in ihrem Schriftbild klar und eindeutig sind, und führe als Beispiel
außer den oben erwähnten Rezitativen Nr. 2 und 3 (s. S. 34) noch den vorletzten Satz an.

Hier vereinigen sich die vier Solostimmen zu einem vierstimmigen Rezitativ
„Was will der Hölle Schrecken nun, was will uns Welt und Sünde tun, da wir in
Jesu Händen ruhn?" (Nr. 63). Darin setzt Bach noch ein unübersehbares Zeichen: In der Sopranstimme ist in Takt 4 die 9. Note eine Oktave zu hoch geschrieben und dann mit einem schrägen Kreuz durchgestrichen.

Dieses Zeichen als Symbol des Namens und Kreuzes Christi führt über dem
Wort „ruhn" zum Psalmvers

Ps. 4, 9   Ich liege und schlafe ganz mit Frieden, denn allein
du, Herr, hilfst mir, daß ich sicher wohne.

Der kurze Satz führt die vier Solisten, die in ihren Rezitativen und Arien die
Worte, aber auch die Gedanken so unterschiedlicher Gestalten aus der Weihnachtsgeschichte zum Ausdruck gebracht haben, zur gemeinsamen Aussage.
Das sind Menschen wie Maria, Joseph, die Hirten, die Weisen, Simeon und
Hanna, aber auch Herodes, die Evangelisten, der Engel. Daß sich darin aber
auch die Gedanken Bachs wiederfinden, können wir in den Zahlensymbolen
dieses Stückes erkennen:

Sopran: 41 Töne = Umkehrung der 14, Zahl des sterblichen Menschen BACH,
Alt 29 Töne = JSB oder SDG, Zahl für Bach als Lobsänger vor Gottes Thron,
Tenor 28 Töne = 2 x 14, Zahlen für BACH (14) und den Gottessohn (2),
Baß 29 Töne wie im Alt,
 Continuo 17 Töne = Zahl der Erlösung,
Summe 144 Töne = Zahl der erlösten Schar

Wenn man die durchgestrichene Note mitzählt, ergeben sich auch Zahlen, die
dem Zeichen des Kreuzes entsprechen: im Sopran 42 = 2 x 21, Symbol für den
Gottessohn (2), der den Tod erleidet (21 als Umkehrung der Christuszahl 12),
in der Summe des Satzes 145 = 5 x 29, Symbol für den Teufel (5), „der Hölle
Schrecken", in die Christus hinabgestiegen ist, um Bach (29 = JSB) zum großen Lobgesang (29 = SDG) zu führen.

Natürlich spielen auch die Taktzahlen eine Rolle als symbolische Hinweise auf
die Aussage der einzelnen Stücke. Dafür seien einige Beispiele genannt:
Nr. 8 Arie „Großer Herr und starker König" 200 Takte
Nr. 10 Sinfonia 63 Takte = 3 x 3 x 7
Nr. 13 Rezitativ des Engels 9 Takte = 3 x 3
Nr. 19 Arie „Schlafe, mein Liebster" 264 Takte = 12 x 22
Nr. 24 Chor „Herrscher des Himmels" 96 Takte = 4 x 24
Nr. 29 Duett „Herr, dein Mitleid" 280 Takte = 2 x 10 x 14
Nr. 36 Chor „Fallt mit Danken" 240 Takte = 10 x 24
Nr. 43 Chor „Ehre sei dir, Gott, gesungen 224 Takte = 2 x 112
Nr. 47 Arie „Erleucht auch meine finstre Sinne" 144 Takte
Nr. 51 Terzett „Ach wann wird die Zeit erscheinen" 189 Takte = 3 x 3 x 21
Nr. 54 Chor „Herr, wenn die stolzen Feinde schnauben" 240 Takte = 10 x 24
Nr. 62 Arie „Nun mögt ihr stolzen Feinde" 176 Takte=4 x 4 x 11=2 x 2 x 2x22
Nr. 1 Chor „Jauchzet, frohlocket" 338 = 2 x 13 x 13, durch zwei fehlende
Taktstriche im System der Violine 2: 336 Takte = 3 x 112 (möglicherweise
fehlen auch Taktstriche im Sopran und noch einer in der Violine 2, dann sind
es 333 Takte = 3 x 3 x 37).
Nr. 2/3 Rezitative „Es begab sich aber"- „Nun wird mein liebster Bräutigam"
29 Takte
Nr. 60/61 Rezitative „Und Gott befahl ihnen"- „So geht" 26 Takte = 2 x 13

Symbolische Anordnung der Stimmen.

In den Stimmen zum sechsten Teil findet sich noch ein besonderes Symbol. Bach hat vier von ihnen, nämlich die Dubletten der Stimmen für Violine I, Violine II und Continuo sowie die Organo-Stimme von seinen Schreibern so anlegen lassen, daß drei Sätze erst am unteren Rand der Seiten nachgetragen sind.
Rezitativ: "Du Falscher, suche nur den Herrn zu fällen..." (Nr. 56),
Recitativ:"Als sie nun den König gehöret hatten, zogen sie hin, und siehe, der Stern, den sie im Morgenland gesehen hatten, ging vor ihnen her, bis daß er kam und stand oben über, da das Kindlein war..." (Nr. 58),
Choral: "Ich steh an deiner Krippen hier..." (Nr. 59)

Die Herausgeber des Weihnachtsoratoriums in der Neuen Bachausgabe haben daraus den Schluß gezogen, daß Bach hier Stimmen einer älteren Kantate benutzt habe, aus der er die anderen Sätze parodiert haben müsse[20].
In Wahrheit aber ist wieder ein symbolisches Zeichen Bachs zu erkennen. Die Auslassung der Sätze, die sich auf die Ablehnung des Königs Herodes, die Entlarvung seiner finsteren Pläne, auf den Weg der Weisen zur Krippe und ihre Anbetung beziehen, deutet wieder den falschen Weg an, auf den wir geraten könnten, und hier bezieht sich auch Bach selber ein; denn die Orgelstimme ist als Symbol für ihn, den Orgelspieler, zu verstehen.

Die symbolische Deutung der vier Stimmen kann zwar die Hypothese der Herausgeber, daß Bach hier auf Stimmen einer älteren Kantate zurückgegriffen haben könnte, nicht ausschließen oder widerlegen, läßt sie aber als überflüssig erscheinen..

Zusammenfassung

Der Gang durch das Weihnachtsoratorium hat ergeben, daß Bach im Wesentlichen folgende Mittel benutzt hat, um die Aussage der Texte darzustellen und zu interpretieren.:
1. Musikalische Figuren (Motive, Akkorde) und Satzformen,.
2. Symbolik der verschiedenen Instrumente und Singstimmen,
3. Symbolische Zeichen,
4. Psalmhinweise,

---

[20]. Johann Sebastian Bach, Neue Ausgabe sämtlicher Werke, Serie II, Bd. 6, Kritischer Bericht, Kassel 1962, S. 166, 170f.

5. Zahlensymbolische Strukturen.
Außerdem kann man gelegentlich besondere symbolische Maßnahmen beob-
achten wie die Einrichtung der Stimmen zum sechsten Teil des Weihnachtsoratoriums oder auffallende Abweichungen in der sprachlichen Gestaltung. Hierher gehört dann auch die Parodie, die Übernahme schon vorhandener
Sätze in ein anderes Werk mit neuem Text.

Parodie als Symbol

Um das zu erkennen, müssen wir einen Blick werfen auf die politische Lage in
den Jahren 1733 und 1734. Für das Kurfürstentum Sachsen war es eine Zeit
voller Spannungen. Kurfürst August der Starke war im Frühjahr 1733 gestorben, Friedrich August II., sein Sohn und Nachfolger, wollte wie der Vater auch
König in Polen werden. Die polnische Wahlversammlung - Polen hatte ja kein
Erbkönigtum - wählte aber den polnischen Grafen Stefan Lesczynski. Das
führte zu erheblichen internationalen Unruhen. Lesczynski wurde von Frank-
reich gestützt, während die Anhänger des sächsischen Kurfürsten Hilfe von
Rußland und natürlich vom Kaiser in Wien erfuhren; denn die Kurfürstin Maria
Josepha war ja seine Tochter. Mit erheblichen Bestechungsgeldern versuchte
Sachsen, einflußreiche Männer in Polen für den Kurfürsten zu gewinnen, doch
letzten Endes half nur der Einmarsch der russischen Truppen und die Besetzung
von Danzig und Warschau, daß die Wahl wiederholt wurde und dann Friedrich
August den ersehnten Königstitel erhielt.

In Sachsen war man keineswegs glücklich darüber. Viele Gelder wurden aus
dem Land gepreßt, die sächsischen Truppen zogen in Polen ein, um die Gegen-
partei niederzuringen. Die Wahl war im Oktober erfolgt, doch die Unruhen
dauerten an. Im September und Dezember, mitten in der aufregendsten Zeit,
fanden in Leipzig zwei Huldigungsfeiern zum Geburtstag des neuen Kurprinzen Friedrich Christian und der Kurfürstin statt., zu denen Bach als städtischer
Musikdirektor Kantaten zu komponieren und aufzuführen hatte.

Bisher waren nur zum Geburtstag des Kurfürsten und Königs solche Feiern
veranstaltet worden, daß man aber dem Kurprinzen, zumal dieser erst 11 Jahre
alt wurde, und der Kurfürstin und inzwischen gewählten Königin eine Feier mit
Kantate widmete, mußte aufhorchen lassen. Und wenn man diese Kantaten
genau studiert, hört und sieht man (beim Lesen der Partituren) deutlich Sorge
und Kritik an der Entwicklung des Fürstenhauses und des Landes. Man spürt
die Furcht vor dem Krieg in der Kantate für die Königin und die Hoffnung auf
einen weisen und fleißigen, tugendsamen Landesvater in der Kantate für den
Kurprinzen. Darin wird die Wahl des Herkules dargestellt, die er am Beginn

seines Weges treffen mußte zwischen der Tugend und der Wollust, und gerade diese hatte ja am Hofe August des Starken floriert!

Im Schlußchor der Kantate richtet sich die Bitte an den Kurprinzen:

BWV 213, 13   Deiner Tugend Würdigkeit
stehet schon der Glanz bereit.
Und die Zeit ist begierig zu erscheinen.
Eile, mein Friedrich, sie wartet auf dich!

Kurz nach dem Regierungsantritt des Vaters sind diese Worte eine überraschend offene Kritik! Doch Bach war Kirchenmusiker von ganzem Herzen, er wollte seiner Gemeinde mehr bieten als eine politische Meinungsäußerung. die ja nur versteckt und mit vielen devoten Huldigungsformeln umgeben vorgebracht werden konnte.

So plant er schon jetzt sein Weihnachtsoratorium, weil er damit das ganze weltliche Königtum in Frage stellen und statt dessen einen andern König vorstellen wollte: Jesus Christus, das Kind in der Krippe. Wir wissen, wie unruhig König Herodes wurde, als er von einem Königskind in Bethlehem erfuhr. Und das zu Recht; denn die Weihnachtsgeschichte verkündet einen König, der mit entgegengesetzten Mitteln regiert, mit Schwachheit statt mit Macht, mit Armut statt Reichtum, mit Liebe statt mit Haß und Krieg. - nicht so, wie Juden, Polen oder Sachsen damals oder wir heute einen starken Herrscher erwarten..

1734, ein Jahr später, erklingt in Leipzig in vielen Stücken die gleiche Musik in den Kirchen St. Thomae und St. Nikolai. wie zur Huldigung der Fürstlichkeiten. Die Leipziger müssen das gemerkt haben, wenn sie aufmerksame Hörer waren. Es gab ja noch keine musikalische Dauerberieselung aus den Medien. Da sie die Texte auch in den Gottesdiensten gedruckt vorliegen hatten, konnten sie Vergleiche ziehen, die sie wohl aufhorchen ließen.

Damit wir genauso aufmerksam werden, wollen wir uns einige Sätze anschauen.

Nr. 1 Chor „Jauchzet, frohlocket"
In der Partitur des Weihnachtsoratoriums hat Bach zunächst den Text der Huldigungskantate für die Königin eingetragen: „Thönet, ihr Paucken, erschallet, Trompeten" - eine fast kriegerische Musik. Dann streicht er es durch und schreibt den Weihnachtstext darüber.

63

Bach hat diese Korrektur sicher beabsichtigt. Man muß man an Beethovens 9. Sinfonie denken, wo der Sänger nach den kriegerischen Klängen auffordert: „O Freunde, nicht diese Töne, laßt uns angenehmere Töne anstimmen und freudenvollere!"

Nr. 8 Arie „Großer Herr und starker König".
Ursprünglich wendete sich diese Arie an die Königin: „Königin, mit deinem Namen füll ich diesen Kreis der Welt." Die Singstimme (Baß) beschreibt den Weltkreis durch einen großen nach oben ausholenden Bogen, der wieder zum Grundton zurückkehrt. Jetzt erklingt dazu der Text: „O wie wenig achtest du der Erden Pracht!" Dort das nach Ruhm strebende weltliche Königtum - hier der König, der sich nichts aus leerer Prachtentfaltung macht, sondern sich hingibt für sein Volk.

Noch deutlicher sagt es der Mittelteil: „der die ganze Welt erhält, ihre Pracht und Zier erschaffen, muß in harten Krippen schlafen". Zum Zeichen dafür verstummen Trompete und alle Instrumente außer dem Continuo zu den Worten „muß in harten Krippen schlafen". In der Huldigungskantate läßt sich diese musikalische Gestaltung nicht aus dem Text begründen. Dort wird gerade das Heldentum der Königin gepriesen: „Und was nur Heldinnen haben, sein dir angeborne Gaben"., heißt es da.

Im schlichten Choralsatz „Seid froh, dieweil daß euer Heil
                        ist hie ein Gott und auch ein Mensch geboren,
                        der, welcher ist der Herr und Christ,
                        in Davids Stadt von vielen auserkoren. (Nr. 35)
läßt Bach wie in ähnlichen Choralsätzen das Orchester die Chorstimmen colla parte mitspielen. Doch in der letzten Zeile weicht der Generalbaß überraschenderweise von der Baßstimme ab und springt fünfmal in die tiefere Oktave.

Das ist eine Figur der weltumfassenden Macht dieses Herrn und eine deutliche Anspielung auf die polnische Königswahl. Dort der weltliche König, der um eitler Ehre willen seinen Titel nur mit Mühe und viel Geld errungen hat, hier der von Gott unter vielen auserkorene Herr der Welt.

Diese Zeile enthält aber noch andere Figuren und Symbole von tiefer Bedeutung. Die Baßstimme steigt chromatisch auf und weist mit dieser Figur der Pathopoiia auf das Leiden Christi hin. Im letzten Takt vollzieht auch sie den Absprung in die tiefere Oktave. Dadurch ergibt sich das Zeichen des Kreuzes, wie es Bach oft eingesetzt hat:

Zugleich wird durch den Oktavsprung die umfassende Macht Christi symbolisiert. So ist auch hier die Baßstimme Symbol für den Menschen Jesus, der durch das Leiden zum Kreuz geführt und dort erhöht wird.

Unmittelbar danach folgt die Wiederholung des Eingangschors zum dritten Teil: „Herrscher des Himmels". Diese Folge von zwei Chorsätzen ist im Weihnachtsoratorium einmalig; sie stellt nicht nur einen Rahmen für den dritten Teil dar, sondern soll hinweisen auf die enge Verbindung des Schlußchors mit der letzten Choralzeile. Das Lob des Chors in der Klangpracht mit Trompeten und Pauken gilt nicht nur im Eingangschor dem allmächtigen Gott, der den Hirten die frohe Botschaft verkündigen ließ, sondern nun auch dem gekreuzigten Heiland. Er ist der „Herrscher des Himmels"!

Die Figur der im Continuo abspringenden Oktave wiederholt Bach im Choral „Ich steh an deiner Krippen hier" (Nr. 59) zur Anbetung der Weisen, die ja gerade in der Malerei und im Volksglauben auch als Könige bezeichnet werden. Bach selbst verwendet in seiner Epiphaniaskantate „Sie werden aus Saba alle kommen" (BWV 65) die alte Kirchenliedstrophe „Die König aus Saba kamen dar, Gold, Weihrauch, Myrrhe brachten sie dar". Hier neigen sich die drei Könige vor dem König Jesus Christus und bekennen, daß sie alles, was sie sind und haben, von ihm bekommen haben

Diese Einsicht hat Bach wohl auch von seinem Kurfürsten und König erhofft!

Abschluß

Am Ende unserer Betrachtung Bachscher Symbolik steht die Frage: Warum hat Bach sich soviel Mühe gemacht, um nicht nur hörbare Symbole wie diese Parodien oder den Einsatz der verschiedenen Instrumente zu schaffen, sondern in seinen Partituren auch mehr oder weniger versteckte Zeichen anzubringen, auf korrespondierende Psalmworte hinzuweisen oder alle Takte und sogar Töne in kunstvollen Zahlenstrukturen anzuordnen, die doch der Hörer nicht erfassen und auch der Leser sich oft nur mit großer Mühe deutlich machen kann? Sicher war das Wissen um die Symbolik in Bachs Zeiten noch weit verbreitet, zumindestens in den gelehrten Kreisen. Doch wer bekam seine Partituren denn überhaupt zu sehen? Doch wohl nur seine Schüler und Söhne. Auch Frau Anna Magdalena dürfte großes Interesse daran gehabt haben, hat sie doch mehrfach Noten für ihren Mann abgeschrieben.

Aber wer sonst? Bach wird wohl zur eigenen Freude die unsägliche Arbeit auf sich genommen haben, die ihm wahrscheinlich sehr viel leichter von der Hand und aus dem Kopf ging, als wir uns das vorstellen können.

Vor allem aber hat er es seinem Gott und Heiland zu Ehren getan. Es wäre ihm wohl undenkbar gewesen, sein Werk nicht in einer Form zu hinterlassen, die der göttlichen Weltenharmonie und dem Heilswerk Jesu Christi entsprach. Sein Zeitgenosse Andreas Werckmeister sagte: „Wie Gott alles in Zahlen, Maß und Gewicht und alles in gute Ordnung gesetzt und gebracht hat, so muß ja ein Musicus, ja ein jeder Mensch, sich befleißigen und studieren, wie er solcher herrlichen Ordnung nachfolget."[21]

---

[21] Andreas Werckmeister, Cribrum musicum, Quedlinburg und Leipzig 1700, Cap. III.

Anhang

Auswahl wichtiger Symbolzahlen in den Werken Bachs

Symbolzahlen aus biblischer und kirchlicher Überlieferung

1	Gott
2	Gottes Sohn
3	Dreieinigkeit, Gott
4	Erde, Welt
5	Satan, Teufel, das Böse
6	Schöpfung
7	Totalität, Heiliger Geist und seine sieben Gaben
8	Unendlichkeit, Ewigkeit
10	Gottes Gesetz. Multiplikation mit 10: Verherrlichung
11	Übertretung der Gebote, Sünde
12	Vollkommenheit, Heilige Stadt, Christus
13	Tod
17	Erlösung
19	Gottes Thron und Richterstuhl
24	Zahl der Ältesten vor Gottes Thron (Offb. 4)
144	Zahl der Erlösten in der ewigen Seligkeit (Offb. 14)

Prophetische Psalmen (nach der Psalmenvorrede in der von Abraham Calov herausgegebenen Bibel, die Bach besaß)

22	der zwey und zwantzigste / von seinem bittern Leiden / und Creutzigung.
23	der drey und zwantzigste von seinem trostreichen Hirten=Ampt.

Alphabetzahlen wichtiger Begriffe aus Bibel, Liturgie und Dogma nach dem Zahlenalphabet

29	S. D. G. (Soli Deo Gloria)
43	CREDO
59	GOTT, MENSCH
61	ISRAEL
70	JESUS

68

112   CHRISTUS

Alphabetzahlen für die Namen Bachs

14   BACH, der Mensch auf Erden
41   Umkehrung der Zahl 14: der sterbliche Mensch BACH, Tod
        Bachs
29   J. S. B. Da die Zahl zugleich die Summe der Abkürzung für
        Soli Deo Gloria ist, setzt Bach sie ein als Symbol seiner Erlö-
        sung, wenn er am großen Lobgesang teilnehmen darf.
158   JOHANN SEBASTIAN BACH

Symbolik der Instrumente
in der Kirchenmusik Johann Sebastian Bachs

Die Bedeutung der Instrumente in der Matthäuspassion

„Das ist ja deprimierend, nur in einem einzigen Stück des großen Werkes mitwirken zu dürfen!" - So oder ähnlich äußern sich Musiker, die bei einer Aufführung der Bachschen Matthäuspassion Blockflöte zu spielen haben und nach dreißig Takten ihre Instrumente einpacken können. Was mag Bach bewogen haben, Blockflöten nur in dem Rezitativ „O Schmerz, hier zittert das gequälte Herz" (Nr. 19) einzusetzen und sonst nirgends? Ist es die verhaltene Klangfarbe des Flauto dolce, durch die er die fahle, trostlose Stimmung der Gethsemane-Szene wiedergeben wollte? Hätten sich nicht auch andere Stellen des Werkes angeboten, etwa das Rezitativ „Ach Golgatha", in denen Bach in gleichem Sinne den Klang der Blockflöten hätte verwenden können?

Dem Betrachter der Partitur fallen aber noch andere Eigentümlichkeiten auf: In den Chorälen und dramatischen Chören setzt Bach fast immer das volle Orchester mit Streichern, Oboen und Querflöten ein, lediglich in drei Chorälen, Nr. 10, 17 und 19, und in zwei dramatischen Chören, Nr. 61b und 63b, fehlen die Querflöten. Merkwürdig ist dabei, daß gerade einige Stücke, die durch gleiche Motive oder gar den gleichen Satz zueinander in Beziehung gesetzt sind, in der Instrumentierung voneinander abweichen:

Die beiden Choräle der Ölbergszene werden im gleichen Satz musiziert; „Erkenne mich, mein Hüter" (Nr. 15) wird in E-Dur mit Querflöten, der zweite, „Ich will hier bei dir stehen" (Nr. 17) in Es-Dur ohne Querflöten musiziert. Die beiden benachbarten Chöre „Der rufet den Elias" (Nr. 61b) und „Halt, laß sehen. ob Elias komme" (Nr. 63b) sind verbunden durch die gleiche Motivik der obligaten Oberstimme:

61b. "Der rufet den Elias!"

61d. "Halt, laß sehen, ob Elias komme und ihm helfe!"

Diese wird im ersten Satz nur von den ersten Violinen (Coro I) gespielt, im zweiten, „Halt, laß sehen" (Coro II), treten dazu noch die Querflöten.

Schließlich ist bemerkenswert, daß Bach in einigen dramatischen Chören den Querflöten eine obligate Oberstimme gibt (Nr. 38b, 45b, 50b, ferner die zweite Hälfte von Nr. 4d), während sie in anderen Turba-Chören zumeist die Stimme des Chortenors getreu oder variierend eine Oktave höher mitspielen.

Daß Bach mit dem differenzierten Einsatz der Querflöten der musikalischen Interpretation des Textes dienen will, steht wohl außer Frage. Sicher ging es ihm dabei nicht so sehr um die Klangfarbe der Flöten zur Kennzeichnung einer bestimmten Atmosphäre, und noch weniger sollten wohl dramatische Höhepunkte hervorgehoben werden; denn dann hätte Bach eine selbständige Flötenstimme nicht gerade einem Chor wie dem der Kriegsknechte gegeben, die Petrus ansprechen: „Wahrlich, du bist auch einer von denen; denn deine Sprache verrät dich." (Nr. 38b).

Dieser kurze Chor gehört in die Verleugnungsszene, das heißt: auf einen Nebenschauplatz.

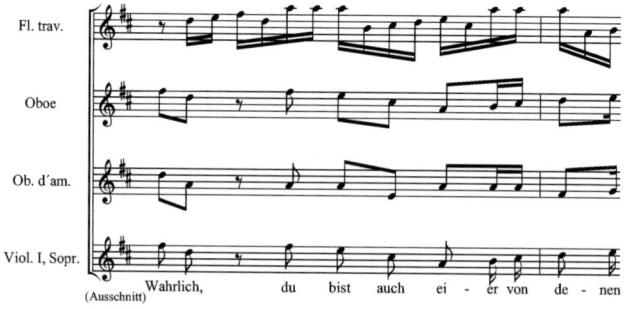

Fl. trav. / Oboe / Ob. d´am. / Viol. I, Sopr. (Ausschnitt) — Wahrlich, du bist auch ei - ner von de - nen

Das Stück ist aber noch in anderer Hinsicht bemerkenswert. Bach setzt hier nebeneinander Oboe und Oboe d'amore ein, während er sonst überall in der Matthäuspassion die Oboen paarweise aus der gleichen Familie nimmt: zwei Oboen, zwei Oboen d'amore, zwei Oboen da caccia.

Nun verwendet Bach die *Oboe d'amore* in der Matthäuspassion recht selten, wir finden sie noch im Schlußchoral des ersten Teils, in der Arie Nr. 30, im Rezitativ Nr. 12 und wohl auch in der anschließenden Arie Nr. 13, für die in der handschriftlichen Partitur die Bezeichnung der Soloinstrumente fehlt. Die Texte der Sätze, in denen Oboi d'amore solistisch mitwirken, lassen erkennen, daß Bach sie dort einsetzt, wo es um die Liebe zwischen Jesus und der gläubigen Seele geht:

Nr. 12 Wiewohl mein Herz in Tränen schwimmt,
    weil Jesus von mir Abschied nimmt,
    so macht mich doch sein Testament erfreut,
    sein Leib, sein Blut, o Kostbarkeit,
    vermacht er mir in meine Hände.
    Wie er es auf der Welt mit denen Seinen
    nicht böse können meinen,
    so liebt er sie bis an das Ende.

Nr. 13 Ich will dir mein Herze schenken,
    senke dich, mein Heil, hinein!

Nr. 30 Ach, wo ist mein Jesus hin?
Chor: Wo ist denn dein Freund hingegangen,
    o du schönste unter den Weibern?

Der Name der „Liebesoboe" und der warme, weiche Klang, auf den der Name ja auch zurückzuführen ist, waren offensichtlich der Anlaß für Bach, das Instrument mit dieser symbolischen Bedeutung einzusetzen. Dabei dachte er ganz bildhaft und läßt die Oboi d'amore im Rezitativ Nr. 12 zu Sinnbildern des Herzens werden, das „in Tränen schwimmt", wofür die Wellenlinien der beiden Oboenstimmen die musikalische Figur der Hypotyposis, des Abbildes, sind:

Kehren wir zurück zum Chor „Wahrlich, du bist auch einer von denen" (Nr. 38b)! Überraschend ist hier nicht so sehr die Verwendung der Oboe d´amore, sondern vielmehr die Tatsache, daß Bach von der sonst üblichen paarweisen Besetzung der Oboen aus der gleichen Familie abweicht. Bleiben wir in der symbolischen Deutung, so ist zunächst nur zu vermuten, daß Bach der ersten Oboenstimme nicht das Symbol des Herzens geben wollte.

Auch der Stimme der beiden Flauti traversi, der *Querflöten*, dürfte eine symbolische Bedeutung zukommen, und hier liegt die Erklärung sehr nahe. Ist doch die Querflöte das Instrument, das unmittelbar durch den menschlichen Atem zum Klingen gebracht wird. Was liegt näher, als in der obligat geführten Flötenstimme ein Sinnbild der menschlichen Sprache zu sehen, die ja in den Worten der Kriegsknechte der entscheidende Begriff ist? Die Töne der Querflöten bezeichnen die Sprache des Petrus, in der er sich verrät.

Als Soloinstrumente verwendet Bach die Querflöten auch in den beiden Stükken, die mit der Erzählung von der Salbung in Bethanien in Zusammenhang stehen, dem Rezitativ „Du lieber Heiland du" (Nr.5) und der Arie „Buß und Reu" (Nr. 6). Picander, der Textdichter der frei geschaffenen Stücke der Passion, bezieht sich in beiden Stücken wohl mehr auf die Fassung, die das Lukasevangelium von dieser Geschichte bietet; Matthäus erwähnt weder, daß die Frau, die Jesus salbt, eine Sünderin war, noch, daß sie Jesus mit ihren Tränen netzte.

Nr. 5   So lasse mir inzwischen zu,
               aus meiner Augen Tränenflüssen
               ein Wasser auf dein Haupt zu gießen.

Nr. 6   Buß und Reu
               knirscht das Sündenherz entzwei,
               daß die Tropfen meiner Zähren
               angenehme Spezerei,
               treuer Jesu, dir gewähren.

Um die symbolische Bedeutung zu erkennen, die Bach den *Querflöten* zugedacht hat, hilft auch hier die italienische Bezeichnung. Während die Blockflöte, die Bach nur als Flauto bezeichnet, gerade gehalten wird, ist der Flauto traverso abgelenkt aus der eigentlich vorgesehenen Richtung der Flöten und wird „verkehrt" gehalten. Sind die Flöten, da sie den menschlichen Atem zum Klingen bringen, allgemein Symbole für den leiblichen Menschen, so verwendet Bach den Flauto traverso als Hinweis auf den Menschen, der vom rechten Weg abgewichen ist, wie es in diesen Sätzen auf die Sünderin zutrifft.

Die *Blockflöte* aber, nur Flauto genannt, ist Symbol für den Menschen auf gutem Wege, den Gerechten, und das ist nur Jesus allein. Im Rezitativ „O Schmerz, hier zittert das gequälte Herz" (Nr. 19) wird dargestellt, wie er das Menschenschicksal in seiner ganzen Schwere erdulden muß; er empfindet die tiefe, körperliche Angst vor dem Tode, das Zittern des Herzens, wie es die Figur der klopfenden Sechzehntel im Continuo eindrucksvoll wiedergeben. Doch trägt er alles als Unschuldiger:

> Nr. 19 Er leidet alle Höllenqualen,
> er muß vor fremden Raub bezahlen.

Wir kehren noch einmal zurück zur Betrachtung des Chors „Wahrlich, du bist auch einer von denen" (Nr. 38b).Die Oberstimme der Flauti traversi ist nicht nur Symbol für die Sprache des Petrus, sondern mehr noch: für die verkehrten Worte, die Lüge, mit der er sich nicht als Jünger Jesu zu erkennen geben möchte.

Wenn die Flöte den Leib, die Oboe d´amore die Seele oder das Herz des Menschen symbolisiert, so kann die reguläre *Oboe* nur verstanden werden als Symbol für den menschlichen Geist; denn so hat wohl Bach in den drei Holzblasinstrumenten dieses Satzes die aus Leib, Seele und Geist bestehende Einheit der menschlichen Person dargestellt. Die Bedeutung des Wortes Oboe, eigentlich französisch Hautbois, hohes Holz, könnte als Hinweis gelten auf die hervorgehobene Funktion des Geistes, der den Menschen vor allen anderen Geschöpfen auszeichnet.

Als Soloinstrument erscheint die Oboe nur in der Arie „Ich will bei meinem Jesu wachen" (Nr. 20). Bach will durch die Verwendung der Oboe wohl deutlich machen, daß der Wille des Menschen eine Funktion seines Geistes ist.

Er versinnbildlicht zudem einen Gedanken, den Jesus in der Szene von Gethsemane, zu der diese Arie gehört, angesichts der schlafenden Jünger ausspricht: „Der Geist ist willig, aber das Fleisch ist schwach". Die Oboe als Symbol des Geistes begleitet die Worte des Tenorsolisten: „Ich will bei meinem Jesu wachen", während zu den Einwürfen des Chors: „So schlafen unsre Sünden ein" die Querflöten erklingen, die für Fleisch und Blut der Menschen stehen.

Dazu treten allerdings noch die *Streicher*, deren besondere symbolische Funktion gerade in der Matthäuspassion schon seit langem bekannt ist. Bach hebt in den Rezitativen des Evangelienberichts die Worte Christi durch die Begleitung der Streichinstrumente hervor. Albert Schweitzer sagt dazu: „Wenn die weichen, leuchtenden Harmonien der Geigen eintreten, meint man, den Heiligenschein zu sehen, der das Haupt des Herrn umleuchtet"[22].

Diese einfühlsamen Worte müssen ergänzt werden durch die Feststellung, daß die Deutung der Saiteninstrumente als Symbol des Heiligen und der himmlischen Welt auf alte Überlieferungen zurückgeht[23].

Wenn Bach in dieser Arie den Chorstimmen außer den Querflöten auch die Streicher hinzufügt, will er doch wohl ein Symbol setzen, daß es Gottes Geist ist, der den Menschen beisteht und sie zur Erkenntnis führt, daß sie durch Jesu Leiden von ihren Sünden frei werden.

Die *Oboe da caccia* ist mehrfach als Soloinstrument zu hören, und zwar stets paarweise. In der Arie „Sehet, Jesus hat die Hand, uns zu fassen ausgespannt" (Nr. 60) wird schon in den ersten Worten deutlich, daß die Oboi da caccia = Jagdoboen Sinnbilder sein sollen für das Bemühen Jesu, uns einzufangen, zu gewinnen für das Reich Gottes. Die Sechzehntelmotive der beiden Oboi da caccia nehmen die Motive der Singstimme auf, wenn sie von den Küchlein spricht, und die zur Figur für ihr zielloses Umherirren werden:

Der *Continuo* stellt in seinen weit ausgreifenden Schritten die ausgespannten Arme des Heilands dar

[22] Albert Schweitzer, Johann Sebastian Bach, Leipzig 1963, S. 575.
[23] vgl. S. 98 Dietlind Möller, Untersuchungen zur Symbolik der Musikinstrumente im Narrenschiff des Sebastian Brant, Regensburg 1982, S. 44ff.

Nach einem von Bach überlieferten Wort ist der Continuo als Generalbaß „das vollkommenste Fundament der Music"[24]; dementsprechend setzt ihn Bach als Symbol des allmächtigen Gottes ein. In dieser Arie werden die Continuofiguren zum Bild für das Handeln Gottes durch die Hände seines Sohnes, die er am Kreuz ausgebreitet hat.

Nach diesem Überblick über die verschiedenen Instrumentenfamilien müssen wir einhalten und eine grundsätzliche Überlegung zur Symbolik der Stimmen und Instrumente anstellen. Die Singstimmen sind nicht Symbol, sondern geben unmittelbar die Worte der handelnden Personen wieder, das sind: der Evangelist, Jesus, Judas. der Hohepriester, die falschen Zeugen, Petrus. die Mägde, Pilatus und seine Frau, die Gruppen der Jünger, der Kriegsknechte, der Pharisäer, der Juden. In zwei Arien werden die Gedanken der Reue, die Petrus und Judas empfinden, weitergeführt, im übrigen kommen in den betrachtenden Arien und Rezitativen die gläubige Seele, in madrigalischen Chören und in den Chorälen die ganze Gemeinde zu Wort, vertreten durch den Chor.

Demgegenüber sind die Instrumente wohl grundsätzlich als Symbole zu verstehen, und zwar - wie es die Beispiele aus der Arie „Sehet, Jesus hat die Hand" nahelegen - für das Handeln Gottes und seines Sohnes. Auch dort, wo Figuren Gedanken des Textes wiedergeben, die sich auf die Menschen beziehen, ihr Verhalten, ihre Freuden und Schmerzen, sollen in den Instrumentalstimmen die menschlichen Belange nicht einfach abgebildet werden. Diese finden ja in den Singstimmen mit ihren Figuren musikalischen Ausdruck, in bildhaften Motiven ebenso wie in ausdrucksvollen, tief empfundenen Melodien und Harmonien.

Wenn die gleichen Figuren in den Instrumenten wiederkehren, müssen sie dann verstanden werden als Hinweis auf Christus, der den Menschen nachgeht, auch auf ihren Irrwegen, der ihre Schmerzen empfindet, ihre Tränen weint, ihre Sünden trägt und endlich ihren Tod stirbt. Wollte man die Bedeutung der Instrumente nur auf menschliche Inhalte beschränken, wo bliebe dann das Symbol für das Gegenüber, für Jesus oder Gott, von dem doch alle Texte erfüllt sind?

---

[24] Zitiert nach Hermann Grabner, Generalbaßübungen, Köln 1936.

76

Die symbolische Deutung der verschiedenen Instrumente soll nun durch die Betrachtung der anderen Sätze bestätigt und vertieft werden.

Die Begleitung der Worte Jesu durch die *Streichinstrumente* setzt nur einmal aus, dort, wo Jesus am Kreuz ruft: "Eli, eli, lama asabthani?" mit den Worten des 22. Psalms: „Mein Gott, mein Gott, warum hast du mich verlassen?".

Wenn die Solovioline oder die ganze Gruppe der Streicher in einem Rezitativ oder einer Arie erklingt, enthalten die Worte des Textes Gedanken, zu denen die Menschen durch den Geist Gottes geführt werden.

Die große Arie „Erbarme dich, mein Gott, um meiner Zähren willen" (Nr. 39) steht im Zusammenhang mit der Verleugnung des Petrus, mit der sie auch thematisch verknüpft ist[25]:

Hier spricht Petrus selbst und bereut sein Versagen. Das Motiv der Verleugnung wird zunächst von der Solovioline vorgetragen: Christus nimmt diese Schuld und die Verzweiflung seines Jüngers auf sich. Mit demselben Motiv trägt die Altstimme immer wieder ihre flehende Bitte um Erbarmen vor. Nur einmal, mit den letzten Tönen ihrer Arie, übernimmt die Singstimme das Schlußmotiv des Violinritornells. Das ist wohl ein Sinnbild dafür, daß dem reuevollen Sünder das Erbarmen des Heilands gewiß ist.

---

[25] Diesen Hinweis verdanke ich der sehr wertvollen kleinen Schrift meines Lehrers Theodor Jakobi, Zur Deutung von Bachs Matthäuspassion, Stuttgart 1958, S. 71

Auch Judas erkennt, daß er übel getan hat, als er den Herrn verriet, und sagt in der anschließenden Arie: „Gebt mir meinen Jesum wieder!" (Nr. 42). Wenn in der Violinstimme dieser sogenannten „Klingelarie" die gebrochenen Drei-klänge in Gruppen von je vier Sechzehnteln - es sind genau dreißig! - das Klin-gen der Silberlinge darstellen, die der verzweifelte Judas den Hohenpriestern hinwirft, dann ist es eben das Zeichen dafür, daß der Geist Gottes ebenso wie den Petrus auch Judas zur Erkenntnis seiner Schuld und zur Reue geführt hat.

Diese Erkenntnis oder aber die Bereitschaft, sich Gott hinzugeben, spricht auch aus den anderen Stücken, die von Streichern begleitet werden:

Nr. 22   Der Heiland fällt vor seinem Vater nieder,
          dadurch erhebt er mich und alle
          von unserm Falle.

Nr. 23   Gerne will ich mich bequemen,
          Kreuz und Becher anzunehmen.

Nr. 51   Erbarm es Gott, hier steht der Heiland angebunden...
          Ihr Henker, haltet ein!
          Erweichet euch der Seelen Schmerz,
          der Anblick solchen Jammers nicht?

Nr. 52   Können Tränen meiner Wangen
          nichts erlangen,
          o so nehmt mein Herz hinein!

Nr. 64   Am Abend, da es kühle war,
          ward Adams Fallen offenbar.

Eine besondere Stellung unter den Streichinstrumenten nimmt die *Viola da Gamba* ein. Die beiden Arien, in denen sie als Soloinstrument mitwirkt, handeln beide von der Bereitschaft, Leid und Anfechtung geduldig zu tragen:

Nr. 35   Geduld, wenn dich falsche Zungen stechen.

Nr. 57   Komm, süßes Kreuz, so will ich sagen.

Sinnen wir auch hier ein wenig dem Namen des Instrumentes nach! Das ist die Viola, die nicht „da braccio", wie die Bratsche in den Armen, gehalten wird, sondern heruntergenommen und zwischen die Knie (da gamba) eingezwängt, gezwungen wird. Da sie als Streichinstrument an der Symbolik dieser Gruppe teilhat, liegt die Deutung nahe: Die Gabe ist Sinnbild für den Heiland, der bereit ist, in die Niedrigkeit, in Leid und Tod zu gehen. Sein Vorbild soll dem gläubigen Menschen zu gleicher Geduld und Demut helfen.

Wie sehr sich Bach von bildhaften Gedanken leiten ließ, zeigt die Tatsache, daß er in der Partitur ursprünglich nur für die Arie Nr. 57 und das vorausgehende Rezitativ „Ja freilich will in uns das Fleisch und Blut zum Kreuz gezwungen sein" (Nr. 56) - hier als Continuoinstrument - die Gambe vorgesehen hatte; denn diese Stücke enthalten nicht nur unmittelbar den Hinweis auf das Kreuz, sondern auch den Ausdruck „gezwungen", und sie stellen damit den gebundenen Menschen Jesus vor uns, so wie die Gambe, weil sie Bünde besitzt, als „gebundenes Instrument" bezeichnet wurde.

In Nr. 35 und dem vorausgehenden Rezitativ „Mein Jesus schweigt zu falschen Lügen stille" (Nr. 34) hat er erst nachträglich das Violoncello durch eine Gambe ersetzt und damit die Interpretation in diese Richtung gelenkt.

In den beiden Rezitativen gesellen sich zur Singstimme und zur Gambe noch je zwei Holzblasinstrumente. Während in Nr. 56 zwei Querflöten erklingen als Symbol für „Fleisch und Blut", sind es in Nr. 34 zwei Oboen, und damit trifft Bachs Symbolik genau den Zusammenhang der Szene: Mit allen Kräften ihres Verstandes wird versucht, durch falsche Zeugenaussagen Jesus zu überführen. Darum erklingen hier Oboen als Symbole des menschlichen Geistes. Diese aber setzen ebenso wie die Gambe nur kurze, abbrechende Akkorde neben die Singstimme. Dazwischen erscheint jedesmal eine Pause, eine Figura muta, eine stumme Figur: Jesus, durch die Oboen dargestellt, schweigt!

Auch in den Arien mit einer aus Bläsern und Streichern gemischten Besetzung hat Bach die symbolische Bedeutung berücksichtigt.

Die Arie „Blute nur, du armes Herz" (Nr. 8) ist die Antwort auf den Verrat des Judas. Die Worte des Mitleids mit dem verratenen Heiland werden von Streichern begleitet: Diese Regung des Herzens hat der Heilige Geist ausgelöst. Die Querflöten sind als Hinweis auf das Handeln des Judas zu verstehen. Im zweiten Teil der Arie wird der Sopran außer vom Continuo nur noch von einer Querflöte begleitet. Hier wird die böse Tat in einem eindrucksvollen Bild beschrieben:

Nr. 8   Ach, ein Kind, das du erzogen,
das an deiner Brust gesogen,
droht den Pfleger zu ermorden;
denn es ist zur Schlange worden.

In den beiden Arien „So ist mein Jesus nun gefangen" (Nr. 27a) und „Ach, wo ist mein Jesus hin" (Nr. 30) hören wir eine aus Streichern, Querflöten und Oboen gemischte Besetzung, in beiden Texten kommt der Schmerz um den gefangenen und verlorenen Herrn zum Ausdruck. Die Solostimmen Sopran und Alt trauern um den geliebten Menschen (Nr. 27a), das „Lamm in Tigerklauen" (Nr. 30). Diese Bezeichnung erinnert an das Lamm Gottes, das alle Sünden der Menschen trägt, dem entsprechen die Querflöten.

In der Arie Nr. 27a haben „Mond und Licht" ihren Schein verloren, weil der Herr der Schöpfung nicht mehr in seiner göttlichen Kraft zu sehen ist. So schweigt der Continuo als Symbol für Gottes Allmacht, völlig, und die Violinen und Bratschen als kleinere und schwächere Instrumente übernehmen seine Funktion. An den Stellen, wo vom Untergang der Gestirne die Rede ist, wiederholen alle Streicher immer nur das tiefe h. Die Symbole für die göttliche Natur Christi sind gleichsam im Abgrund verschwunden.

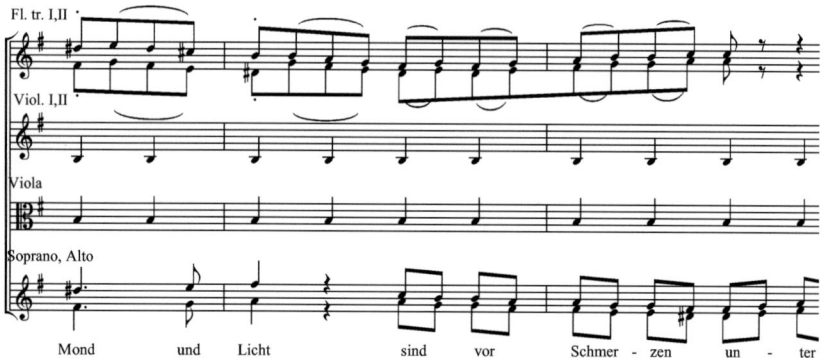

Der Continuo tritt dann hinzu, wenn der Chor mit seinen zornigen Einwürfen „Laßt ihn, haltet, bindet nicht!" das Geschehen verhindern möchte. Dahinter steht das Verlangen nach dem Eingreifen Gottes, wie es dann der folgende dramatische Chorsatz „Sind Blitze, sind Donner in Wolken verschwunden?" andeutet.

In der Arie Nr. 30 treten die Streicher nur hinzu, wen der Chor die bange Frage der Solostimme „Ach, wo ist mein Jesus hin?" mit den teilnehmenden Worten beantwortet
:

> Nr. 30   Wo ist denn dein Freund hingegangen, o du Schönste unter den Weibern?

Der Klang der Streicher soll wohl ein Zeichen der Hoffnung sein, daß der Freund, den das biblische Wort aus dem Hohenlied nennt, als Gottessohn einen Weg des Heils gegangen sein dürfte. Auch in dieser Arie gibt es Stellen, wo der Continuo schweigt, und zwar immer dort, wo die Singstimme Figuren für die Tigerklauen singt und damit auf die völlige Machtlosigkeit Christi unter der Gewalt Satans hinweist.

Genau differenziert setzt Bach die Oboen ein. In der Arie Nr. 27a wird als Reaktion auf die Gefangennahme ein entschlossenes Handeln der Naturgewalten gefordert. Das entspricht menschlichem Denken, und so setzt Bach hier die Oboen in ihrer normalen Form ein, aber nur in den Zwischenspielen und zu den

Einwürfen des Chors. Die Arie Nr. 30 aber spricht von der Braut, die Jesus, ihren Geliebten sucht, dafür sind die Oboi d´amore die gewiesenen Instrumente.

Meine Überlegungen gingen aus von der besonderen Aufgabe der Flöten. Es überrascht nun nicht mehr, daß Bach in den dramatischen Chören obligate *Querflöten* dort einsetzt, wo in besonderer Weise das sündhafte Wesen der Menschen zum Ausdruck kommt, in der Begrenztheit ihres Denkens, in ihrer Herzlosigkeit, in ihrem triebhaften Haß:

> Nr. 4d Dieses Wasser hätte mögen teuer verkauft und den Armen gegeben werden.
> Nr. 41b Was gehet uns das an, da siehe du zu!
> Nr. 45b Laß ihn kreuzigen!

Die symbolische Bedeutung der Querflöten findet eine Bestätigung auch durch die Sätze, in denen sie überraschenderweise schweigen. Besonders kennzeichnend ist der Chor Nr. 63b, der die Worte des Hauptmanns und der anderen, die mit ihm am Kreuz stehen, enthält:

> Nr. 63b Wahrlich, dieser ist Gottes Sohn gewesen!

Bachs Gedanken zu dieser Stelle, an der er keine Querflöten einsetzt, werden deutlich, wenn man ein Wort Jesu an seine Jünger danebenstellt:

> Matth. 16, 15-17 Wer sagt denn ihr, daß ich sei? Da antwortete Simon Petrus und sprach: Du bist Christus, des lebendigen Gottes Sohn! Und Jesus antwortete und sprach: Selig bist du Simon, Jonas Sohn; denn Fleisch und Blut hat dir das nicht offenbart, sondern mein Vater im Himmel.

Gleiches kann vom Hauptmann und denen, die dabei standen, gesagt werden, sie haben ihre Erkenntnis von Gott empfangen. Das gilt auch von dem unmittelbar voraufgehenden Chor, in dem ebenfalls die Querflöten schweigen:

> Nr. 61b Der rufet den Elias!

Bach macht dadurch deutlich, daß aus diesen Worten die Einsicht spricht: Jesus war kein Verbrecher, sondern ein frommer Mensch, sonst würde er ja nicht den Propheten Elias anrufen. Die auffahrende Linie der Oboen und Violinen in diesem Chor kann nach Theodor Jakobi[26] zudem als Hinweis verstanden werden, daß die Umstehenden an die Himmelfahrt des Elias erinnern wollen, die Jesus ihrer Meinung nach auch für sich erhofft.

Die andere Menschengruppe unter dem Kreuz aber antwortet, ungläubig, höhnend:

Nr. 61d Halt, laß sehen, ob Elias komme und ihm helfe!

Das ist nun wieder ein Wort, aus niederer Lust zu Verachtung und Spott geboren, hier sind darum die Querflöten am Platz.

Die drei Choräle, in denen Bach keine Flauti traversi vorschreibt, sind erfüllt von der Erkenntnis eigener Schuld, die Jesus ans Kreuz gebracht hat, oder von der rückhaltlosen Bereitschaft, den Heiland auch im Tode nicht zu verlassen:

Nr.10 Ich bins, ich sollte büßen.

Nr.19 Was ist doch wohl die Ursach solcher Plagen?
Ach, meine Sünden haben dich geschlagen.

Nr.17 Ich will hier bei dir stehen,
verachte mich doch nicht,
von dir will ich nicht gehen,
wenn dir dein Herze bricht.

Das Schweigen der Querflöten in diesen Chorälen soll zeigen, daß solche Gedanken der Natur des Menschen zuwider laufen, Fleisch und Blut ist hier überwunden.

Man sollte meinen, daß in der Arie „Aus Liebe will mein Heiland sterben" (Nr. 49) die Blockflöte das zutreffende Symbol gewesen wäre und nicht die Querflöte, die Bach tatsächlich eingesetzt hat. Heißt es doch hier vom sterbenden Heiland: „Von einer Sünde weiß er nichts". Gerade dieses Wort führt zur rechten Interpretation der Gedanken Bachs. Picander hat es dem zweiten Korintherbrief entnommen, wo es in folgendem Zusammenhang steht:
2. Kor. 5, 21 Denn er (Gott) hat den, der von keiner Sünde wußte, für uns zur Sünde gemacht, auf daß wir würden in ihm die Gerechtigkeit, die vor Gott gilt.

---

[26] Theodor Jakobi, Zur Deutung von Bachs Matthäuspassion, Stuttgart 1958, S. 91.

Dieses unbegreifliche Geheimnis anzudeuten, läßt Bach zur Singstimme und zu den beiden Oboen da caccia die Querflöte als Soloinstrument treten. Das Symbol des sündlichen Fleisches und Blutes wird nun auf Jesus selbst bezogen. Die Querflöte schweigt aber an allen Stellen, wo der Sopran die Worte singt: „Von einer Sünde weiß er nichts."

Es ist gewiß kein Zufall daß diese Arie, in der Bach dem Sinn des Kreuzestodes bis in die letzte Tiefe nachgeht, genau im Mittelpunkt des zweiten Teils der Passion steht als 20. von 39 Sätzen.

Im vorletzten Satz der Passion, dem Rezitativ „Nun ist der Herr zur Ruh gebracht" (Nr. 67) werden die Worte des vier Solisten des ersten Chores, die von tiefer Glaubenserkenntnis erfüllt sind, nur von den Streichern begleitet. Der zweite Chor beschließt jeden der vier Abschnitte mit dem Gruß „Mein Jesu, gute Nacht!" Streicher und Oboen spielen dabei colla parte mit, darüber aber erklingt zum letzten Mal eine obligate Stimme der Querflöten, die 41 Töne besitzt, die Umkehrung der Zahl für den Namen BACH nach dem Zahlenalphabet. Da die Umkehrung einer Zahl auf das Sterben hinweisen kann, bedeutet das: Der Mensch aus Fleisch und Blut, von dem wir jetzt Abschied nehmen, ist Jesus, der für Bach und seine Schuld in den Tod geht

Im Schlußakkord des ganzen Werkes - sowie an drei parallelen Stellen des Schlußchors - treten die Querflöten noch einmal mit einem eigenen Ton hervor, während sie sonst in diesem Satz colla parte mit den ersten Violinen gehen In den c-Moll-Akkord setzen sie den dissonanten Vorhaltston h, der sich erst ein Viertel später in das c auflöst: Im Kampf gegen die Sünde bäumt sich der alte Adam noch einmal auf, ehe er sich nur widerstrebend in die umfassende Harmonie einfügt.

Die Bedeutung der Instrumente in der Johannespassion

Die Quellenlage der Johannespassion ist recht kompliziert - die handschriftliche Partitur ist nur zum kleineren Teil autograph und zudem in der Angabe der Instrumente unvollständig -, doch geben die Instrumentalstimmen, die Bach für seine Aufführungen benutzt und teilweise selbst geschrieben hat, hinreichend Auskunft über die von Bach beabsichtigte Instrumentierung.

Ich beginne meine Betrachtung mit einer Stelle, die höchst auffällig ist und sich aus musikalischen Gründen allein nicht erklären läßt. Die beiden Chöre im Evangelienbericht „Jesum von Nazareth" (Nr. 2b und 2d) sind in ihrer formalen Anlage und in ihren Motiven gleich, unterscheiden sich aber darin, daß die Querflöten im ersten Satz colla parte mit der Violine I eine obligate Ober-stimme spielen, im zweiten aber fortgelassen sind. Man hätte musikalisch das Gegenteil erwartet: Die Wiederholung der Antwort der Kriegsknechte auf die zweite Frage Jesu: „Wen suchet ihr?" sollte als nachdrückliche Bestätigung eine stärkere Besetzung erfordern als beim ersten Mal.

Auch bei Bach bedeutet die Wiederholung eine Steigerung, die sich aber nicht durch größere Lautstärke ausdrücken läßt, sondern die sich aus ihrer theologi-schen Bedeutung ergibt. Bach hat sich nämlich eingehend mit dem Evangeli-entext beschäftigt. Zwischen den beiden Fragen Jesu und den Antworten der Kriegsknechte ereignet sich Entscheidendes: „Als nun Jesus zu ihnen sprach: Ich bin's!, wichen sie zurücke und fielen zu Boden". Die Kriegsknechte spüren, daß der, der vor ihnen steht, mehr ist als nur ein Mensch. Die Flöten, die Bach beim ersten Ausruf der Schar hinzusetzt, symbolisieren hier wie in der Matt-häuspassion (s. S. 73) Fleisch und Blut des Menschen. Und einen solchen na-mens Jesus von Nazareth suchen sie.

Als Jesus sie zum zweiten Mal fragt, ahnen die Kriegsknechte etwas von seiner göttlichen Hoheit. Nun läßt Bach die Flöten schweigen und gibt damit ein Sinnbild dafür, daß die Antwort der Schar eine andere Bedeutung hat als beim ersten Mal: Sie suchen in Jesus nicht den Menschen, sondern eben den Gottes-sohn. Zum Zeichen dafür läßt Bach die obligate Instrumentalstimme nur von den Violinen spielen, da sie den Geist Gottes symbolisieren.

Freilich, die Kriegsknechte und ihre Auftraggeber waren sich wohl der Trag-weite ihrer Handlung nicht bewußt, sie nahmen Jesus gefangen, weil er sich -

ihrer Meinung nach - selbst und damit fälschlich als Gottes Sohn bezeichnet hatte. Hinter ihnen steht eine andere Macht, die den Gottessohn in seine Gewalt bekommen will. Das wird in den Motiven und Symbolen der obligaten Instrumentalstimme deutlich:

Diese Linie erscheint in der Passion fünfmal in Chören des Evangelienberichts (Nr. 2b, 2d, 16d, 18b und 23f) in variierter Form. Die Stimmen mit dieser Motivik, die in den heftigen Dreiklangsbrechungen an die Kampfmotive der Arie „Es ist vollbracht" (Nr. 30, s. S. 94) zu den Worten „Der Held aus Juda siegt mit Macht" anklingt, wegen ihrer vielfach gewundenen Melodieführung aber wohl auch als Bild der Schlange gedeutet werden könnte, umfassen insgesamt 520 Töne = 2 x 2 x 10 x 13 = 10 x 52. Das sind die Zahlen für den Gottessohn (2), den Tod (13) und nach dem Zahlenalphabet für das Wort SATAN (52)[27].

---

[27] Eine Übersicht über die von Bach verwendeten symbolischen Zahlen ist enthalten in: Ludwig Prautzsch, Vor deinen Thron tret ich hiermit, Neuhausen 1980, S. 10ff. ; ders.. Die Titelseiten der Kirchenmusik Johann Sebastian Bachs (in Vorbereitung).

So ist die obligate Oberstimme Sinnbild für den Kampf Jesu mit Tod und Teufel, und dafür spricht auch ihr fünfmaliges Erscheinen; denn 5 ist die Zahl der bösen Mächte.

Bach instrumentiert diese Sätze jedesmal etwas anders, und schon dieser Tatbestand läßt darauf schließen, daß Bach den Instrumenten eine bestimmte Bedeutung zugedacht haben muß. In den Chören „Jesum von Nazareth" (Nr. 2b und 2d) gehen die Instrumentalstimmen andere Wege als die des Chors, Diese geben die Worte der Kriegsknechte wieder, die Instrumente aber symbolisieren Jesus. Er wird wie in der Matthäuspassion dargestellt als Gottessohn durch die Streicher, als Mensch nach Leib und Geist durch die Flöten und Oboen. Wenn in diesen beiden Sätzen Chor und Instrumente getrennte Wege gehen, so bedeutet das: Die Kriegsknechte haben Jesus noch nicht in ihrer Gewalt. Ausgenommen ist der Ruf „Jesum", der dreimal im Sopran oder Alt von einer der beiden Oboen mitgespielt wird: Der Name Jesus ist das einzige, was die Schar von seiner Person weiß.

Das ändert sich in den folgenden Turba-Chören. Im Chor der Juden vor Pilatus: „Wir dürfen niemand töten" (Nr. 16b) gehen beide Oboen, Violine II, Viola und Continuo colla parte mit den Chorstimmen, ebenso im Chor des ganzen Volks „Nicht diesen, sondern Barrabam" (Nr. 18b),ausgenommen die Oboe I, die in der obligaten Oberstimme die beiden Flöten und die Violine I verstärkt.

Daraus ergibt sich folgende Deutung: Jesus befindet sich jetzt in der Hand seiner Feinde, so wie die Chorstimmen sich gleichsam der Instrumente bemächtigt haben. Doch nach dem Gesetz der römischen Besatzungsmacht dürfen die Juden nicht über das Leben eines Menschen verfügen, dementsprechend läßt Bach die Querflöten nicht in den Chorstimmen mitspielen. Daß auch die Violine I davon ausgenommen bleibt, soll wohl darauf hinweisen, daß der Gottessohn - in den tiefen Streichern symbolisiert - sich zwar in die Hand seiner Feinde begeben hat, seine göttliche Hoheit bleibt aber davon unberührt.

Daß die Oboe I im Chor „Nicht diesen" in die Obligatstimme übergeht, ist als Sinnbild dafür zu deuten, daß die Juden sich von Jesus lossagen und ihn dem Tod überliefern möchten. Von diesem Augenblick an wendet sich der Leidensweg Jesu unwiderruflich dem Sterben zu, Jesus steht nun im entscheidenden Kampf gegen Tod und Teufel als Sohn Gottes und als Mensch. Darum setzt Bach in der obligaten Oberstimme alle drei Instrumentengruppen ein.

Schließlich trennen sich im Chor der Hohenpriester: „Wir haben keinen König, denn den Kaiser!" (Nr. 23f) die Wege des Chors und der Instrumente. Bach gibt damit ein Sinnbild, daß die Juden, die sich nach dem Ausspruch ihrer Würdenträger von Jesus losgesagt haben, nun auch von ihm verlassen sind. Doch auch der Teufel bekommt den Sohn Gottes nicht in seine Gewalt: Die Obligatstimme wird nur von den Querflöten gespielt: Lediglich der Leib Jesu, beladen mit der Sünde der Menschen, verfällt dem Tod.

Auch in den anderen Chorsätzen des Evangelienberichts verfolgt Bach die Symbolik der Instrumente ganz konsequent. Die beiden Chöre der Kriegsknechte und der Juden: „Sei gegrüßet, lieber Judenkönig" (Nr. 21b) und „Schreibe nicht: der Juden König!" (Nr. 25b) sind in ihrer musikalischen Gestalt nahezu gleich. Beide bezeichnen Jesus als König. Wenn dies auch als bitterer Spott gemeint war, so gibt Bach durch seine Instrumentierung zu verstehen, daß der Gottessohn in Wahrheit doch der König der Menschen und damit auch der Juden bleibt. Jetzt gehen nur die Streicher als Symbole für die göttliche Natur Jesu gemeinsam mit den Chorstimmen, Querflöten und Oboen blasen selbständige Sechzehntelläufe: Nicht als Mensch ist Jesus König, sein Reich ist nicht von dieser Welt.

Umgekehrt verfährt Bach in den beiden Kreuzige-Chören (Nr. 21d und 23d). Hier wird der Chor nur von den Holzbläsern colla parte begleitet, während die Streicher ihre eigenen Motive haben: Den Menschen Jesus können die Juden zwar dem Tode ausliefern, nicht aber den Sohn Gottes.

In den anderen Turba-Chören gehen alle Instrumente gemeinsam mit den Chorstimmen. Bei der Frage der Kriegsknechte an Petrus: „Bist du nicht seiner Jünger einer?" (Nr. 12b) bezieht sich die Symbolik auf das Bekenntnis des Petrus, der nicht nur dem Menschen Jesus nachgefolgt war, sondern in ihm auch „Christus, den Sohn des lebendigen Gottes" (Matth. 16, 16) erkannt hatte.

Die Worte der Juden an Pilatus: „Wir haben ein Gesetz" (Nr. 21f) und ihre Drohung: „Lässest du diesen los, so bist du des Kaisers Freund nicht!" (Nr. 23b) sprechen von irdischen Gesetzen und Ordnungen. Bach gibt sie darum in einer besonders strengen Form der Fuge wieder, der Permutationsfuge. die in der ersten Hälfte wie ein vierstimmiger Kanon verläuft. Die colla-parte Begleitung aller Instrumente ist ein Symbol dafür, daß sich Jesus, der Sohn Gottes, in seiner ganzen Person den Ordnungen dieser Welt unterworfen hat, indem er Mensch wurde und „unter das Gesetz getan" (Gal. 4, 4).

In den Choralsätzen hat Bach - anders als in der Matthäuspassion - keine Differenzierung der instrumentalen Besetzung vorgenommen, wohl aber in den madrigalischen großen Chören am Anfang und am Schluß: „Herr, unser Herrscher" (Nr. 1) und „Ruht wohl, ihr heiligen Gebeine" (Nr. 39). Hier schweigen Flöten und Oboen zu den Worten von „der größten Niedrigkeit" (Nr. 1) und vom „Grab, so euch bestimmet ist" (Nr. 39). Das weist als Figura muta, als Figur des Verstummens, auf Tod und Grab des Menschen Jesus hin.

In den Arien fällt vor allem die Doppelbesetzung der Holzbläserstimmen in den beiden Arien Nr. 9 und 35 auf. Es wird kaum einen Dirigenten geben, der die Stimme der Flauti traversi in der Arie „Ich folge dir gleichfalls" (Nr. 9) von zwei Flöten spielen läßt, doch geht diese Besetzung eindeutig aus den Stimmen hervor. Der symbolische Sinn wird sofort deutlich, wenn man die Arie in ihrer Beziehung zum vorhergehenden Evangelistenrezitativ sieht: „Simon Petrus aber folgete Jesum nach und ein anderer Jünger" (Nr. 8). Die beiden Flöten sind Symbole für Jesus, der beide Jünger auf ihrem Wege geleitet, und denen sich nun in der Singstimme ein dritter anschließt mit dem Bekenntnis des Arientextes. Als musikalische Figur setzt Bach in Takt 16ff. die Nachahmung: Im Continuo zeichnet er zuerst das Motiv des Weges, den Gott seinem Sohn aufgetragen hat, ihm folgen die Singstimme und dann die beiden Flöten[28].

Die andere Arie ist nicht nur textlich, sondern auch in der Besetzung eng mit dem vorhergehenden Arioso verknüpft. Seine Frage: „Mein Herz. indem die ganze Welt bei Jesu Leiden gleichfalls leidet, ...was willst du deines Ortes tun?" wird in der Arie beantwortet: „Zerfließe, mein Herze, in Fluten der Zähren, erzähle der Welt und dem Himmel die Not: Dein Jesus ist tot!" (Nr. 34 und

---

[28] Die Frage der Reihenfolge, die hier den Gedanken des Textes zu widersprechen scheint, habe ich in meiner Schrift „Die verborgene Symbolsprache Johann Sebastian Bachs" (in Vorbereitung) behandelt.

35). Bach verbindet beide Sätze dadurch, daß das Arioso mit einem Halbschluß in C-Dur endet, der als Dominante zur Tonart der Arie, f-Moll, überleitet.

Nach der Partitur sind für beide Sätze zwei Flauti traversi und zwei Oboi da caccia vorgesehen., Instrumente, die symbolisieren, wie Jesus die Menschen gewinnen will - Oboi da caccia, Jagdoboen - und darum selber den mit Sünden beladenen Leib eines Menschen - Flauti traversi - angenommen hat. Im Arioso treten dazu noch die Streichinstrumente, die unisono in bildhaften Figuren die Erschütterung der ganzen Schöpfung schildern: „Die Sonne sich in Trauer kleidet..., die Erde bebt, die Gräber spalten" - hier erklingt eine auffahrende Linie als Figur der Auferstehung - , am Schluß aber kommen sie auf tiefen Tönen - Bach schreibt hier *adagio* vor - allmählich zur Ruhe zu den Worten: „Weil sie den Schöpfer sehn erkalten". Diesen Figuren der Streicher stehen die ruhig liegenden Akkorde der Flöten und Oboen gegenüber: Als Mensch ist Jesus bereits gestorben.

90

Die Vierzahl der Bläser weist als Symbol für Erde und Welt (4) darauf hin, daß Jesus die ganze Welt gewinnen will. Auch sind hier alle Holzbläser, die Christus in seiner menschlichen Natur symbolisieren, vereinigt.

Das gilt auch für die Arie „Zerfließe, mein Herze". Hier sollen nach den Eintragungen in der Partitur *due Trav(ersi)* und *due Haut(bois) de Caccia* jeweils die beiden Flöten und die beiden Oboen dieselbe Stimme spielen. Ob die Arie jemals in dieser Besetzung erklungen ist? Nach den Originalstimmen zu schließen, hat Bach selbst den Satz lediglich mit einer Flöte und einer Oboe da Caccia besetzt, wozu in der vierten Fassung der Passion noch ein *Violino col sordino* als Verstärkung der Flötenstimme tritt.

Die Symbolik dieser Instrumente besagt: Das Herz trauert um Jesus als Menschen, dann aber auch als Gottessohn, doch seine göttliche Kraft ist sehr geschwächt - symbolisiert durch den sordino, den Dämpfer.

Die Angaben der Partitur können nicht einfach als Irrtum des Kopisten abgetan werden. Bach selber hat die Partitur oft genug in der Hand gehabt und in der Arie einige Bezeichnungen nachgetragen; er hätte einen solchen Irrtum bemerkt und - da ihm die Symbolik der Instrumente wichtig war - auch korrigiert. So kann die Vierzahl der Holzbläser auch in der Arie nur gedeutet werden als Hinweis, daß der ganzen Welt Jesu Tod verkündet werden soll, wie es die Arie sagt: „Erzähle der Welt und dem Himmel die Not: Dein Jesus ist tot!"

Vorübergehend hat Bach das Arioso „Mein Herz, in dem die ganze Welt" (Nr. 34) mit *Oboi d'amore* besetzt, die außerdem in einigen Sätzen mitwirken, in denen Jesus vorgeworfen wird, daß er sich selbst zum König gemacht habe: „Denn wer sich zum Könige machet, der ist wider den Kaiser!" (Nr. 23b), „Sehet, das ist euer König - Sie schrien aber: „Weg, weg mit dem! Kreuzige ihn!" (Nr. 23c/d), „Soll ich euren König kreuzigen?" - „Wir haben keinen König, denn den Kaiser!" (Nr. 23e/f), „Sondern, daß er gesagt habe: Ich bin der Juden König" ((Nr. 25b). Durch die Symbolik der Oboe d'amore erinnert Bach daran, daß Jesus sich aus Liebe zu den Menschen zu ihrem König gemacht hat.

Das gilt dann auch für den folgenden Choral, der um den Trost Christi im Tode bittet:

> Nr. 26   Erschein mir in dem Bilde
> zum Trost in meinem Tod,
> wie du, Herr Christ, so milde
> dich hast geblut' zu Tod.

Oboi d'amore erklingen auch im Chor der Kriegsknechte unter dem Kreuz, die um den Rock des Heilands feilschen: „Lasset uns den nicht zerteilen, sondern darum losen. wes er sein soll." (Nr. 27b). Diese Worte scheinen zunächst keine

92

tiefere Bedeutung zu haben, als auf die Erfüllung eines Prophetenwortes hinzuweisen. Es überrascht, daß Bach sie in einem so großangelegten Satz wiedergibt und ausgerechnet hier auch die Oboi d'amore einsetzt. Calov, dessen Bibelausgabe Bach besessen hat, deutet diese Stelle durch den Hinweis auf ein Wort Augustins: „Das mehrfach geteilte Gewand des Herrn Jesu Christi sinnbildete seine Kirche, sofern sie nämlich über den ganzen, aus vier Teilen bestehenden Erdkreis verbreitet ist. - Der durch das Los verteilte Rock aber bedeutet die Einheit aller Teile, die durch das Band der Liebe bewirkt wird. Von der Liebe aber redend, sagt der Apostel:...zu erkennen die alle Wissenschaft überragende Liebe Christi"[29]. Anteil haben am Rock Christi bedeutet also, Glied der Gemeinde zu sein, die Christus als Gottessohn und Mensch durch seine Liebe erworben hat. Darum läßt Bach in diesem Satz alle Holzblas- und Streichinstrumente mit den Chorstimmen colla parte gehen und setzt dabei die Oboi d'amore ein.

Schließlich erklingen die Oboi d'amore noch im nächsten Choral; Jesus wendet sich liebevoll seiner Mutter und dem Jünger Johannes zu:

> Nr. 28 Er nahm alles wohl in Acht
> in der letzten Stunde,
> seine Mutter noch bedacht,
> setzt ihr ein Vormunde.
> O Mensch, mache Richtigkeit,
> Gott und Menschen liebe!

Die Forderung dieser Zeilen wird im nächsten Choral weitergeführt:

> Nr. 37 O hilf, Christe, Gottes Sohn,
> durch dein bitter Leiden,
> daß wir dir stets untertan
> all Untugend meiden,
> deinen Tod und sein Ursach
> fruchtbarlich bedenken,
> dafür, wiewohl arm und schwach,
> dir Dankopfer schenken.!

---

[29] Zitiert nach der Übersetzung von Thomas Specht in: Bibliothek der Kirchenväter, Bd. VI, 118. Vortrag Kempten 1914. S. a. Abraham Calovius, Die Heilige Schrift in D. Martin Luthers deutscher Dolmetschung, Leipzig 1678-

In diesem Choral wirken wieder gewöhnliche Oboen mit. Bach, der sich in seiner Symbolik gern den Doppelsinn oder die sprachliche Herkunft eines Wortes zunutze macht, wählt hier die Bezeichnung *Oboe à l'ordinaire*. Darin ist der Begriff der Ordnung (ordo) enthalten, und diese Angabe verwendet Bach in seinen Handschriften immer dann, wenn er auf die neue Ordnung hinweisen will, in die Christus uns durch sein Sterben führt. Sie ist nicht mehr bestimmt von der Furcht vor dem Gesetz, sondern von der Dankbarkeit für die Heilstaten Christi. In ähnlichen Worten beschreibt sie der erste Petrusbrief:

| 1. Petr. 2,13 | Seid untertan aller menschlichen Ordnung um des Herrn willen. |
| 9 | Ihr aber seid das auserwählte Geschlecht, daß ihr verkündigen sollt die Tugenden des, der euch berufen hat von der Finsternis zu seinem wunderbaren Licht. |

Es ist sicher kein Zufall, daß die Oboe à l'ordinaire in diesem Choral 61 Töne spielt und damit die Symbolzahl nach dem Zahlenalphabet für den Namen des auserwählten Geschlechtes nennt: ISRAEL.

Erfüllung von Ordnung und Gesetz ist Sache des menschlichen Verstandes und Willens, darum setzt Bach in diesem Choral die Oboen ein wie auch in der Arie „Von den Stricken meiner Sünden mich zu entbinden, wird mein Heil gebunden" (Nr. 7).

Streichinstrumente, Violinen und Viola, schreibt Bach vor, wenn er die göttliche Kraft Jesu und das ewige Heil, das er uns erworben hat, schildern will, so in der Arie „Es ist vollbracht" (Nr. 30) zu den Worten des Mittelteils: „Der Held aus Juda siegt mit Macht" und in der Arie „Eilt, ihr angefochtnen Seelen...zum Kreuzeshügel, eure Wohlfahrt blüht allda." (Nr. 24).

In der Arie „Mein teurer Heiland, laß dich fragen" (Nr. 32), die sich an den Bericht vom Tod Jesu anschließt, wird die Singstimme nur vom Continuo gestützt. Das Fehlen von anderen Instrumenten wird als Figura muta zum Sinnbild dessen, der im Tod verstummt. Ein Continuocello aber erhält die Anweisung, *spiccato* zu spielen, die Töne nur kurz anzureißen. Diese Artikulation verkürzt die Noten und unterstreicht damit die Figura muta: Im Tode Jesu hat sich Gott selbst hingegeben. Die Einwürfe des Chors in dieser Arie werden dagegen von Streichern begleitet, den Gläubigen wird das ewige Leben zuteil:

Nr. 32   Gib mir nur, was du verdient,
mehr ich nicht begehre.

In der Arie, die die Reue des Petrus nach seiner Verleugnung wiedergibt, sind die Streichinstrumente - wie in der entsprechenden Arie in der Matthäuspassion (s. S. 77) - Symbol dafür, daß der Geist Gottes Petrus zur Erkenntnis seiner Schuld geführt hat:

Nr. 13   Ach, mein Sinn,
wo willst du endlich hin? -
Und im Herzen
stehn die Schmerzen
meiner Missetat,
weil der Knecht den Herrn verleugnet hat.

In einigen Sätzen verwendet Bach besondere Saiteninstrumente, deren Namen auf ihre symbolische Bedeutung hinweisen. Die *Viola da gamba,* die heruntergenommen, zwischen die Knie gezwängt und wegen ihrer Bünde als gebundenes Instrument bezeichnet wird, symbolisiert in der Arie „Es ist vollbracht" (Nr. 30) den erniedrigten und gebundenen Heiland. Das Motiv, das sie vom Evangelisten übernimmt, stammt aus der Arie „Von den Stricken meiner Sünden mich zu entbinden, wird mein Heil gebunden" (Nr. 7). Dort wird zum ersten Mal gesagt, was Jesus am Kreuz vollbracht hat: die Befreiung der Sünder.

In der Arie „Erwäge, wie sein blutgefärbter Rücken ...dem Himmel gleiche geht, daran...der allerschönste Regenbogen als Gottes Gnadenzeichen steht" (Nr. 20) verwendet Bach zwei andere im Klang zurückhaltende Instrumente, die *Viole d´amore* als besonders schönes Symbol für den gedemütigten Heiland, der aus Liebe zu den Menschen die Geißelung ertragen hat.

Auffallend ist es, daß Bach - entgegen den Gepflogenheiten heutiger Dirigenten - das Fagott, den *Bassono grosso,* also eigentlich ein Kontrafagott, nicht den verwandten Oboen hinzugesellt, sondern gerade in einigen Arien verwendet, die im übrigen nur mit Streichern besetzt sind. Da die Holzblasinstrumente Symbole des Menschen Jesus sind, der Continuo dagegen den allmächtigen Gott versinnbildlicht, kann der Bassono grosso nur als Symbol für den Gott gedeutet werden, der sich selbst erniedrigte. Außer dem Namen, der von basso, tief, abgeleitet ist, weist auch das geknickte Rohr des Instrumentes auf die Marter Gottes, auf das „zerstoßene Rohr" (Jes. 42, 3) hin. Bach lag wohl daran, das Symbol des gedemütigten Heilands gerade dort nicht fehlen zu lassen, wo die Streicher Christus als Gottessohn, ja auch als Sieger darstellen, um so das

Unbegreifliche der Passion zu betonen (Arien Nr. 13, 24 und 30). Gottes Sieg über das Böse ist nicht denkbar ohne seinen Weg in die Tiefe.

Der Bassono grosso erscheint auch im zartesten und geheimnisvollsten Satz der Passion, im Arioso, das auf den Bericht von der Geißelung folgt: „Betrachte, meine Seel" (Nr. 19). Hier erklingen nur stille Instrumente, die beiden Viole d´amore und eine *Laute* (in späteren Aufführungen durch Violini col sordini und Orgel mit den Registern Gedackt 8´und 4´ersetzt). Für den Bassono grosso wird ausdrücklich *pianissimo* vorgeschrieben. Die intime Klangatmosphäre läßt die Angst und Schwäche Jesu spürbar werden. Zu den Violen, die die Liebe Christi symbolisieren, tritt die Laute als „gebundenes" Saiteninstrument, das zudem noch „geschlagen" wird. Der Text weist aber schon voraus auf die Krone von Dornen:

Nr. 19   Betrachte, meine Seel, mit ängstlichem Vergnügen...
        dein höchstes Gut in Jesu Schmerzen,
        wie dir auf Dornen, die ihn stechen,
        die Himmelsschlüsselblume blüht.
        Du kannst viel süße Frucht von seiner Wermut brechen.

Diese Gedanken stellt Bach in den musikalischen Figuren des Lautenparts dar: Während die Unterstimme in den gleichmäßig wiederholten Achteln die Stiche der Dornen wiedergibt - ähnlich wie die abgesetzten Viertel des Bassono grosso -, sind die reichen Koloraturen der Oberstimme ein Bild der Himmelsschlüsselblume und der süßen Frucht.

Für das tiefsinnige Spiel, das Bach mit Worten und Namen treibt, um auch darin theologische Beziehungen anzudeuten, lassen sich in Bachs Handschriften viele Beispiele nachweisen[30]. Hier gilt es für die Bezeichnung der Laute. In der Partitur läßt Bach nicht das richtige italienische Wort *liuto* schreiben, sondern *lieuto.* damit soll offenbar eine Verknüpfung der Worte lieto = fröhlich und liuto angedeutet werden, so wie aus Schmerzen und Dornen die ewige Freude als „süße Frucht" erwächst.

---

[30] Ludwig Prautzsch,Vor deinen Thron tret ich hiermit, Neuhausen 1980, S. 219, 253.; Ders. Die Titelseiten der Kirchenmusik Johann Sebastian Bachs (In Vorbereitung).

Die Bedeutung der Blechblasinstrumente in Bachs kirchenmusikalischen Werken

Bach verwendete für die Blechblasinstrumente, besonders Hörner und Trompeten, bisweilen recht unterschiedliche Bezeichnungen. Bläser und Dirigenten stehen immer wieder vor der Frage, welches Instrument der Absicht Bachs entspricht und zugleich nach Umfang und Klangcharakter für die Ausführung einer Stimme geeignet ist. Schon lange wird darüber eine Diskussion unter Musikern, Musikwissenschaftlern und Instrumentenbauern geführt, ohne daß sich bislang alle Fragen eindeutig klären ließen.

In dieses Gespräch will ich zunächst nicht eintreten, sondern der Frage nachgehen, welche theologisch-symbolische Bedeutung sich hinter den verschiedenen, oft eigenartigen Bezeichnungen verbergen könnte.

Dietlind Möller hat in ihrem recht informativen Büchlein „Untersuchungen zur Symbolik der Musikinstrumente im Narrenschiff des Sebastian Brant"[31] dargelegt, welche Anschauungen der Symbolik der Saiten- und Holzblasinstrumente zugrunde liegen. Saiteninstrumente, die ja rein gestimmt werden, galten als Symbole der himmlischen Welt; denn das Stimmen bedeutete, den Makrokosmos der göttlichen Schöpfung auf den Mikrokosmos des Instrumentes zu übertragen.

Holzblasinstrumente dagegen mußten in irgendeiner Weise temperiert gestimmt werden und klangen unrein, sie symbolisierten das Irdische, das Unvollkommene. Wenn man diese Gedanken weiterführt im Blick auf die Blechblasinstrumente, erscheinen Trompeten und Hörner geradezu prädestiniert als Träger göttlicher Symbolik; denn sie verwenden ausschließlich die Reihe der Naturtöne, die sich aus dem Grundton durch Überlasen ergeben. Ihr Tonvorrat ist durch die Schöpfungsordnung vorgegeben, und das gilt auch für Posaunen und Zugtrompeten, die ja die fehlenden Töne dadurch erreichen, daß sie die Röhre verlängern und damit den Grundton tiefer legen.

Meine Untersuchungen haben ergeben, daß diese Anschauungen auch für Johann Sebastian Bach maßgebend waren beim Einsatz der Blechblasinstrumente in seinen kirchenmusikalischen Werken. Um gesicherte Erkenntnisse zu ge-

---

[31] Dietlind Möller, Untersuchungen zur Symbolik der Musikinstrumente im Narrenschiff des Sebastian Brant, Regensburg 1982, S. 44ff.

winnen, mußten alle in Betracht kommenden Werke herangezogen werden.
Darauf gründet sich der Beweis für die Richtigkeit meiner Thesen. Ausführlich
dargestellt werden können hier meist nur einige Beispiele, auf die übrigen
Kantaten wird in jeder Rubrik nur hingewiesen als Anregung zu eigenem Studium.

Trompeten

Bei der Verwendung der *Tromba* (Trompete) knüpfte Bach an Vorstellungen
an, die schon in der Antike diesem Instrument mit seinem festlich-strahlenden
Klang einen hohen Rang und besondere Privilegien verliehen[32]. Trompeten
erklangen bei festlichen und kriegerischen Ereignissen, sie galten als Zeichen
des Herrschers.

Bach setzt sie ein in den meisten Kantaten zu den hohen Festtagen der Kirche,
um Gott und Christus als Herrn und König zu preisen:

1. Weihnachtsfeiertag:	BWV 63, 110, 191
Neujahr - Fest der Namensgebung Jesu:	BWV 41, 171, 190
1. Osterfeiertag:	BWV 31
Himmelfahrt:	BWV 11, 43
1. Pfingstfeiertag:	BWV 34,74,172
Trinitatis:	BWV 129
Michaelis:	BWV 19, 50,130,149

In diesen Kantaten erklingt der volle Chor von drei - in BWV 63 vier - Trompeten, dazu kommen die Pauken, die im Trompetenchor nach alter Gepflogenheit die Baßstimme übernehmen.

Da die *Tamburi* (Pauken) nur die Grundtöne der Harmonie spielen, können sie
als Symbol Gottes des Schöpfers verstanden werden. Die abweichenden Bezeichnungen, die Bach gelegentlich verwendet, werden später behandelt.

Die gleiche Besetzung von 3 - 4 Trompeten und Pauken gibt Bach auch allen
Kantaten zur Ratswahl in Mühlhausen und Leipzig:

---

[32] Erich Valentin, Handbuch der Instrumentenkunde, Regensburg, 1954, S. 81.

BWV 29, 69, 71, 119, 120, 137 und wohl auch 193[33] .

Damit will Bach ein Zeichen setzen: Gott ist der Herr der Stadt, wie es in den Texten zum Ausdruck kommt:

BWV 71, 1   Gott ist mein König von altersher.
BWV 119, 1   Preise, Jerusalem, den Herrn,..er machet fest die Riegel deiner Tore.
BWV 103, 1   Wir sind Völker seiner Weide, ewig ist sein Königreich.

Zugleich aber betont der Trompetenklang die Würde des Rats, der seine Gewalt von Gott empfangen hat:

BWV 119, 5   Die Obrigkeit ist Gottes Gabe, ja selber Gottes Ebenbild.

Zu den Festmusiken mit reicher Trompeten- und Paukenbesetzung gehören auch Magnificat (BWV 243), Weihnachtsoratorium (BWV 248), Osteroratorium (BWV 249), h-Moll-Messe (BWV 232) und Sanctus in C-Dur (BWV 237). Im Weihnachtsoratorium sind es die Teile III und VI, in denen die Anbetung der Hirten und Weisen vor ihrem Herrn dargestellt wird, dazu der Teil I, der das unbegreifliche Geschehen beschreibt, daß der „große Herr und starke König" in der armen Krippe liegen will.

Den festlichen Glanz dreier Trompeten mit Pauken hat Bach auch zwei Trauungskantaten, „Dem Gerechten muß das Licht immer wieder aufgehen" (BWV 195) und „Gott ist unsre Zuversicht" (BWV 197) gegeben sowie in der Kantate „Ich hatte viel Bekümmernis" (BWV 21) dem Schlußchor, in dem Christus mit den Worten des Lobgesanges vor dem Thron Gottes nach der Offenbarung des Johannes gepriesen wird:

BWV 21, 11   Das Lamm, das erwürget ist, ist würdig zu nehmen Kraft und Reichtum und Weisheit und Stärke und Ehre und Preis und Lob.

---

[33] Die Kantate BWV 193 ist unvollständig überliefert, Partitur und Bläserstimmen fehlen. Ob BWV 137 wirklich zur Ratswahl erklang, ist fraglich, doch ist ihr Text: "Lobe den Herren, den mächtigen König" Grund genug für die Besetzung mit Trompeten und Pauken.

Als einzige Festkantate ist die Pfingstkantate „Wer mich liebt, der wird mein Wort halten" (BWV 59) nur mit zwei Trompeten besetzt. Das hat wohl seinen Grund darin, daß Bach die Worte des ersten Satzes als Duett komponiert hat, in dem die Beziehung zwischen Gott und der gläubigen Seele durch die musikalische Form wiedergegeben wird. Ein voller Chor von drei Trompeten hätte in dem durchsichtigen Satz ein zu starkes klangliches Gewicht bekommen. Später hat Bach diesen Satz für die Kantate BWV 74 umgearbeitet zu einem Chor und dabei auch eine dritte Trompete hinzugesetzt.

Nur eine Trompete setzt Bach ein, wenn er die Herrschaft Jesu im Herzen oder der Seele des Menschen symbolisieren will:

BWV 10, 1	Meine Seel erhebt den Herren.
BWV 66, 1	Erfreut euch, ihr Herzen! ... Es lebet der Heiland und herrschet in euch.
BWV181,5	Du kannst nach deiner Allmachtshand allein ein fruchtbar gutes Land in unsern Herzen zubereiten.

Dazu gehören auch BWV 67, 1; 103, 5; 145, 2; 147, 1 und 147, 9.

Einige Kantaten beginnen mit dem Lob des allmächtigen Herrn, Bach setzt aber nur eine Trompete ein, weil aus dem Zusammenhang der ganzen Kantate hervorgeht, daß im Mittelpunkt ihrer Aussage die Herrschaft Jesu im Herzen der Menschen steht. (Wenn in solchen und ähnlichen Fällen zur Verdeutlichung auch Sätze herangezogen werden, in denen das betreffende Instrument nicht erklingt, sind diese Texte in Klammern gesetzt.)

Als Beispiel sei angeführt:

BWV 148, 1	Bringet dem Herrn Ehre seines Namens, betet an den Herrn in heiligem Schmuck!
(BWV 148, 5	Mund und Herze seht dir offen, Höchster, senke dich hinein!)

In diese Gruppe gehören auch BV 51, 1 und (4); BWV 76, 1 und 5.

Besonders eindrucksvoll ist der Einsatz der Trompete in der von Traurigkeit erfüllten Kantate „Weinen, Klagen, Sorgen, Zagen":

BWV 12, 6	Sei getreu, alle Pein wird doch nur ein Kleines sein.

Dazu bläst die Trompete den Cantus firmus „Jesu, meine Freude, meines Herzens Weide", mit dem Bach wohl an die letzte Strophe dieses Liedes erinnern will: „Weicht, ihr Trauergeister, denn mein Freudenmeister Jesus tritt herein!"

Auch die Trompeteneinsätze in der Kantate „Die Elenden sollen essen" (BWV 75) sind von dieser Symbolik bestimmt. Die Trompete bläst in der Sinfonia Nr. 8 zu Beginn des zweiten Teils den Cantus firmus „Was Gott tut, das ist wohlgetan" und erinnert damit an den Schlußchoral des ersten Teils und dessen letzte Worte:

> (BWV 75, 7 Ich werd ergötzt mit süßem Trost im Herzen,
> da weichen alle Schmerzen.)

Sie erklingt dann wieder in der Arie

> BWV 75, 12 Mein Herze glaubt und liebt;
> denn Jesu süße Flammen
> gehn über mich zusammen,
> weil er sich mir ergibt.

Dabei setzt Bach die Stimmung der Trompete - in der Sinfonia in G - um eine Quinte tiefer auf C als Symbol der Erniedrigung Jesu, der sich uns ergibt, wenn er in das Herz einzieht. Das folgende Rezitativ läßt dann die Herrschaft Christi noch deutlicher zum Ausdruck kommen:

> (BWV 75, 13 Die ganze Welt entweicht, und Jesus nur allein regiert.)

Die Trompete symbolisiert aber auch Gott auf dem Thron des Richters und steht für die Posaune des Jüngsten Gerichts, sogar dann, wenn im Text die Posaune ausdrücklich genannt wird.

> BWV 46, 1 Denn der Herr hat mich voll Jammerns gemacht am Tage seines grimmigen Zorns.
> BWV 70, 1 Wachet, betet, seid bereit allezeit, bis der Herr der Herrlichkeit dieser Welt ein Ende machet!
> BWV 70, 9 Ach, soll nicht dieser große Tag...
> und der Posaune Schall...
> in meinem Sinn
> viel Zweifel, Furcht und Schrecken,
> der ich ein Kind der Sünden bin,

erwecken?
(Dazu erklingt als Cantus firmus der Trompete:)
Posaunen wird man hören gehn.

BWV 127, 4 Wenn einstens die Posaunen schallen...
so denke mein, mein Gott, im besten!

Zu diesen Kantatensätzen gehören auch BWV 5, 1 und 5; 46, 3 und 6; 48, 1; 90, 3; 126, 1.

Wie die Posaune des Jüngsten Gerichts, so sollen auch in der Kantate „Erwünschtes Freudenlicht" (BWV 175) die beiden Trompeten die tauben Herzen aufwecken:

BWV 175, 6 Öffnet euch, ihr beiden Ohren,
Jesus hat euch zugeschworen,
daß er Teufel, Tod erlegt.

Für die Trompete verwendet Bach auch die Bezeichnung *Clarino* als Symbol für Christus als den Quell der Reinheit und Freiheit von Sünde. (clarus, lat. = rein, hell), so in der Kantate „Ein ungefärbt Gemüte" (BWV 24):

BWV 24,(1 Ein ungefärbt Gemüte
von deutscher Treu und Güte
macht uns vor Gott und Menschen schön.)

Im folgenden Rezitativ wird diese deutsche Art aber nicht als etwas dargestellt, das uns von Geburt her eigen wäre:

BWV 24, (2 Denn von Natur geht unsers Herzens Dichten
mit lauter Bösem um;
soll's seinen Weg auf etwas Gutes richten,
so muß es Gott durch seinen Geist regieren
und auf der Bahn der Tugend führen...
Mach aus dir selbst ein solches Bild,
wie du den Nächsten haben willt.)

Daran schließt sich ein Chorsatz an, und man versteht aus diesem Zusammenhang, warum Bach hier zum ersten Mal den Clarino einsetzt:

BWV 24, 3 Alles nun, was ihr wollet, daß euch die Leute tun,
das tut ihr ihnen.

Im Schlußchoral erklingt dann der Clarino wieder:

> BWV 24, 6 O Gott, du frommer Gott,
> du Brunnquell aller Gaben,...
> gesunden Leib gib mir
> und daß in solchem Leib
> ein unverletzte Seel
> und rein Gewissen bleib!

Ein Clarino unterstützt auch den Cantus firmus im Schlußchoral der Kantate zum Johannisfest „Ihr Menschen, rühmet Gottes Liebe" (BWV 167):

> BWV 167, 5 Sei Lob und Preis mit Ehren
> Gott Vater, Sohn und Heilgem Geist!
> Der wolle in uns mehren,
> was er uns aus Genad verheißt.

Welche Verheißung hier gemeint ist, sagt das vorausgehende Rezitativ:

> BWV 167, (4 Des Weibes Samen kam,
> nachdem die Zeit erfüllet.
> Der Segen, der Gott Abraham,
> dem Glaubensheld versprochen,
> ist wie der Glanz der Sonne angebrochen.)

Als Symbol des hellen Glanzes läßt Bach dann im Schlußchoral, der „unerwartet strahlenden Krönung des Werkes[34], auch den Clarino erklingen.

Am 4. Sonntag nach Trinitatis 1723 hat Bach anscheinend zwei Kantaten in einem Gottesdienst aufgeführt, außer der eben genannten Kantate „Ein ungefärbt Gemüte" (BWV 24) die Neubearbeitung der Weimarer Kantate „Barmherziges Herze der ewigen Liebe" (BWV 185)[35]. Im Eingangschor erklingt als instrumentaler Cantus firmus die Melodie des Schlußchorals, in der ersten Fassung von einer Oboe gespielt. Jetzt setzt Bach an deren Stelle ein Clarino ein und betont damit dasselbe Anliegen, wie in der anderen Kantate dieses Gottesdienstes, rein zu werden von der Sünde:

---

[34] Alfred Dürr, Die Kantaten von Johann Sebastian Bach, Kassel 1071, S. 560.
[35] a. a. O., S. 353.

BWV 185, 1   Barmherziges Herze der ewigen Liebe,
errege, bewege mein Herze durch dich,
damit ich Erbarmen und Gütigkeit übe,
o Flamme der Liebe, zerschmelze du mich!

Hinter dieser Bitte steht das Wort des Propheten Micha: „Er wird sitzen und schmelzen und das Silber reinigen, er wird Levi reinigen und läutern wie Gold und Silber" (Mal. 3, 3). Dazu erklingt dann im Clarino zeilenweise der Choral:

BWV 195, 1 = 6 Ich ruf zu dir, Herr Jesu Christ...
den rechten Weg, o Herr, ich mein,
den wollest du mir geben,
dir zu leben,
mein´m Nächsten nütz zu sein,
dein Wort zu halten eben.

Zwei Clarini erklingen in der Pfingstkantate „Erschallet, ihr Lieder" (BWV 172), dazu als dritte Trompete ein *Principale*. Diese Anordnung der Stimmen entspricht altem Trompeterbrauch[36]. Daß sie hier erscheint, liegt aber nicht daran, daß die Kantate noch aus der Weimarer Zeit Bachs stammt; denn schon in seiner Mühlhäuser Ratswahlkantete „Gott ist mein König" (BWV 71) hat Bach die Trompeten als Trombae angegeben.

Vielmehr dürften ihn symbolische Gedanken bewogen haben, die alte Benennung der Trompeten zu wählen; denn in diesem Sinne war sie besonders geeignet für eine Pfingstkantate. Die beiden Clarini symbolisieren Gott, den Vater und den Sohn, die in die Seele einziehen und sie hell machen wollen:

BWV 172, 1   Gott will sich die Seelen zu Tempeln bereiten.
(2 Wer mich liebet, der wird mein Wort halten, und mein Vater wird ihn lieben. Und wir werden zu ihm kommen und Wohnung bei ihm machen.)
(6 Von Gott kommt mir ein Freudenschein.)

Die Bezeichnung der Stimme enthält ein Wortspiel. Bachs Schreiber hat die Stimme nämlich *Prencipale* überschrieben. Vermutlich will Bach die lateinischen Begriffe praecipere, praeceptor = lehren, Lehrer, anklingen lassen und damit den Heiligen Geist charakterisieren. Dessen Aufgabe beschreiben die

---

[36] Alfred Berner, Artikel Trompeteninstrumente, in: Die Musik in Geschichte und Gegenwart, Bd. 13, Kassel 1966, S. 785.

Worte des Evangeliums zum Pfingstsonntag: „Der heilige Geist, den mein Vater senden wird, der wird euch alles lehren" (Joh. 14, 26).

Ein zweites Mal verwendet Bach die Bezeichnungen Clarino 1 und 2, Principale, als er für eine Leipziger Aufführung die Osterkantate seines Vetters Johann Ludwig Bach „Denn du wirst meine Seele nicht in der Hölle lassen" (BWV 15) abschreibt. Diese hat lange Zeit als ein frühes Werk Johann Sebastians gegolten. Sicher hat er hierbei die Symbolik der Namen bedacht. Denn auch zu Ostern wird das Handeln des Geistes bezeugt, „der Christum von den Toten auferwecket hat" (Röm. 8, 11). Der Heilige Geist wird auch hier durch den Principale, die Hauptstimme, symbolisiert, während die beiden Clarini Zeichen sind für Licht und Reinheit, die der Auferstandene uns gebracht hat:

> JLB (BWV 15),4 Weichet, weichet, Furcht und Schrecken,
> ob der schwarzen Todesnacht!
> Christus wird mich auferwecken,
> der hat sie zum Licht gemacht.
> 9 Mein Jesus, mein Helfer, mein Port,...
> dir schenk ich mir eigen, vertilge die Sünd...
> regier die Begierden und halte sie rein!

Hörner

Auch der *Corno* (Horn) verwendet die Naturtonreihe, doch sein Klang ist durch die weite Mensur weicher und milder als der Trompetenton. Das entspricht der symbolischen Bedeutung des Instrumentes, wie wir sie unschwer aus dem vierten Teil des Weihnachtsoratoriums ablesen können, der durch zwei *Corni da caccia* eingeleitet wird:

> BWV 248, 36 Fallt mit Danken, fallt mit Loben
> vor des Höchsten Gnadenthron!

So symbolisieren auch die Hörner Gott auf seinem Thron, doch nicht als Herrscher und Richter, sondern als den gnädigen Herrn. Hörner haben hier die gleiche Funktion wie das Tempelhorn im jüdischen Kultus, Schofar genannt, das zu Beginn des Halljahres erklang und damit die Vergebung aller Schuld verkündigte.

In einer Reihe von Kantaten setzt Bach ein Horn lediglich als Verstärkung eines Cantus firmus und - ohne ausdrückliche Erwähnung - im Schlußchoral ein. In allen diesen Kantaten wendet sich der Mensch aus der Not seiner Sünde oder aus der Angst vor Tod und Gericht dem Heil zu, das ihm in Christus angeboten wird. Vorwiegend sind es Sterbekantaten:

BWV 3, 6	Jesu. mein Trost, hör mein Begier,
	o mein Heiland, wär ich bei dir!
BWV 8, 1	Liebster Gott, wann werd ich sterben?
BWV 60, 1	O Ewigkeit, du Donnerwort!
	(Dazu erklingt die Arie:) Herr, ich warte auf dein Heil.

Aufschlußreich ist der Vergleich der letzten Kantate mit der gleichnamigen BWV 20, deren Eingangschor über dieselbe Liedstrophe mit einer Trompete besetzt ist. Dort geht es - zum Sonntagsevangelium vom reichen Mann und armen Lazarus (Luk. 16, 19-31) - um das Jüngste Gericht, das unsrer Sünde droht, hier zum Evangelium von der Auferweckung der Tochter des Jairus (Matth. 9, 18-26) um die Hoffnung auf das ewige Leben.

Zu dieser Gruppe gehören noch die Kantaten BWV 26, 1; 27, 1; 73, 1; 114, 1; 115, 1; 116, 1; 125, 1 und 140, 1.

Die Zuversicht, daß wir im Jüngsten Gericht einen gnädigen Richter finden, der uns von Tod und Teufel befreit, bestimmt auch die Kantaten BWV 78, 1; 99, 1; 178, 1; dann die Adventskantate 62, 1, (3 und 5).

In zwei Bußkantaten setzt Bach das Horn als Soloinstrument ein:

BWV 105, 1	Herr, gehe nicht ins Gericht mit deinem Knecht!
BWV 136, 1	Erforsche mich, Gott, und erfahre mein Herz, prüfe mich und erfahre, wie ich´s meine!

Der Sünder ist sich in diesen Kantatentexten der Schuld bewußt und hofft auf die Gnade des Richters. Seine Hoffnung gründet sich auf Jesus, und diesem Gedanken entsprechen die Sätze, in denen das Horn als Gnadenzeichen zum zweiten Mal erklingt:

BWV 105, 5	Kann ich nur Jesum mir zum Freunde machen.
BWV 136, 6	Dein Blut, der edle Saft,

hat solche Stärk und Kraft,
daß auch ein Tröpflein kleine
die ganze Welt kann reine,
ja, gar aus Teufels Rachen
frei, los und ledig machen.

Erst der Einsatz eines zweiten Horns ist das Symbol dafür, daß Gottes Gnade Ereignis geworden ist, daß Christus als zweite Person Gottes mit ihm auf dem Thron sitzt als der gnädige Richter. Die Kantaten, die mit zwei Hörnern besetzt sind, sprechen von der Gewißheit, daß Gottes Sohn uns im Gericht vor den Angriffen des Teufels beschützen und uns das ewige Leben schenken wird:

BWV 40, 1   Dazu ist erschienen der Sohn Gottes, daß er die Werke des Teufels zerstöre.

BWV 83, 1   Erfreute Zeit im neuen Bunde,
da unser Glaube Jesum hält.
Wie freudig wird zur letzten Stunde
die Ruhestatt, das Grab bestellt!

Ferner gehören hierzu die Kantaten BWV 52, 1, (4) und 6; 91, 1 und (2); 128, 1 und 5.

In der Reformationskantate „Gott der Herr ist Sonn und Schild" (BWV 79) symbolisieren die beiden Hörner, daß Gott uns hier wie in der Ewigkeit vor dem bösen Feind schützen wird:

BWV 79, 1   Gott der Herr ist Sonn und Schild. Der Herr gibt Gnade und Ehre, er wird kein Gutes mangeln lassen den Frommen.
(2 Denn er will uns ferner schützen,
ob die Feinde Pfeile schnitzen
und ein Lästerhund gleich billt.)

Die Hörner in den beiden Choralstrophen dieser Kantate sind in diesem Zusammenhang zu deuten als Symbol „der großen Dinge" und „ewiglichen Freiheit":

BWV 79, 3   Nun danket alle Gott,...
der große Dinge tut

an uns und allen Enden.
6   Erhalt uns in der Wahrheit,
           gib ewigliche Freiheit,
           zu preisen deinen Namen
           durch Jesum Christum. Amen.

In den Kantaten „Wie schön leuchtet der Morgenstern" (BWV 1) und „Der Herr ist mein getreuer Hirt" (BWV 112) hebt Bach das zweite Horn dadurch hervor, daß er im Schlußchoral gerade diesem eine obligate Oberstimme zuweist, während das erste Horn den Cantus firmus im Sopran unterstützt. Das ist ein Sinnbild für Christus, die zweite Person Gottes auf dem Richterstuhl, er ist zugleich der Fürsprecher und verhilft uns zum ewigen Leben.

BWV 1, 1   Wie schön leuchtet der Morgenstern,
                  voll Gnad und Wahrheit von dem Herrn,
                  die süße Wurzel Jesse.
        6   Er wird mich doch zu seinem Preis
                  aufnehmen in das Paradeis.

BWV 112, 1   Der Herr ist mein getreuer Hirt,
                  hält mich in seiner Hute.
        5   Gutes und die Barmherzigkeit
                  folgen mir nach im Leben...
                  Und nach dem Tode werd ich sein
                  bei Christo. meinem Herren.

Einige Kantaten weisen Besonderheiten im Einsatz der Hörner auf:

Die Trauungskantate „Dem Gerechten muß das Licht immer wieder aufgehen" (BWV 195) beginnt mit dem festlichen Glanz von drei Trompeten und Pauken zum Lob des Herrn:

BWV 195, 1   Ihr Gerechten, freuet euch des Herrn und preiset seine Heiligkeit!

Der Schlußchoral folgt nach vollzogener Trauung, dabei sind an die Stelle der Trompeten zwei Hörner getreten:

BWV 195, 6   Ermuntert euch und singt mit Schall
                  Gott, unserm höchsten Gut,
                  der seine Wunder überall

und große Dinge tut.

Die Hörner sind Symbol für den Grund und Inhalt der letzten Dankstrophen: Der allmächtige, heilige Gott hat sich gnädig dem getrauten Paar zugewandt, wie es vorher das Rezitativ beschrieben hat:

BWV 195, (4   So rühmt das Höchsten Vaterhand,
er knüpfte selbst eu´r Liebesband
und ließ das, was er angefangen,
auch ein erwünschtes End erlangen.)

Auch in einer Himmelfahrtskantate wechselt Bach zwischen Hörnern und Trompeten:

Corno I, II BWV 128, 1	Auf Christi Himmelfahrt allein
	ich meine Nachfahrt gründe...
	Denn weil das Haupt im Himmel ist.
	wird seine Glieder Jesus Christ
	zu rechter Zeit nachholen.
Tromba 3	Auf, auf, mit hellem Schall
	verkündigt überall:
	Mein Jesus sitzt zur Rechten,
	wer sucht mich anzufechten?
Corno I, II 5	Alsdenn so wirst du mich
	zu deiner Rechten stellen
	und mir als deinem Kind
	ein gnädig Urteil fällen.

Der Heiland auf dem Thron Gottes wird durch die Trompete symbolisiert, aber eben nur durch eine; denn die Aussage dieser Arie zielt auf den Menschen, der im Glauben durch Christus gerechtfertigt ist. Die beiden Hörner sind Sinnbild der gnädigen Zuwendung des erhöhten Herrn.

In der Kantate „Siehe, ich will viel Fischer aussenden" (BWV 88) haben die Hörner zunächst die vordergründige Aufgabe, als Attribute der Jäger die Jagd hörbar zu machen. Sie erklingen im Eingangschor nämlich erst zu den Worten des zweiten Teils:

BWV 88, 1   Und danach will ich viel Jäger aussenden, die sollen
sie fahen auf allen Bergen und auf allen Hügeln und
in allen Steinritzen.

Doch wenn man den Text der Kantate weiter verfolgt, wird deutlich, daß auch
diese Jagd ein Zeichen der Gnade Gottes ist:

BWV 88, 3   Gott ist allezeit beflissen,
uns auf gutem Weg zu wissen
unter seiner Gnade Schein.

Von diesem Gedanken aus läßt sich auch die von Bach öfter verwendete Bezeichnung *Corno da caccia* in ihrer symbolischen Bedeutung erklären: Gott
jagt den Menschen nach, er läßt dazu seinen Sohn auf die Erde kommen; wir
brauchen uns nur ihm zu ergeben, uns von ihm einfangen zu lassen.

Als Soloinstrument erklingt ein Corno da caccia in der Kantate „Herr, Gott,
dich loben wir" (BWV 16) zu den Worten:

BWV 16, 3   Laßt uns jauchzen, laßt uns freuen!
Krönt und segnet seine Hand,
ach so glaubt, daß unser Stand
ewig, ewig glücklich sei!

Im vorausgehenden Rezitativ wird noch deutlicher gesagt, daß Gott uns durch
seine Güte gewinnen will:

BWV 16, (2   Wir legen dir das erste Herzensopfer dar.
Was hast du nicht von Ewigkeit vor Heil an uns getan, und was muß unsre Brust noch jetzt vor Lieb
und Treu verspüren!)

Zwei Corni da caccia finden wir im vierten Teil des Weihnachtsoratoriums und
in einer Kantate ohne nähere Bestimmung. Die Texte beider Werke sind erfüllt
von der Gewißheit der Gnade Gottes und der Bereitschaft, sich ihm hinzugeben:

BWV 248, 36   Gottes Sohn
will der Erden
Heiland und Erlöser werden.
    (38   Mein Jesus hat sich mir ergeben,

	mein Jesus soll mir immerfort vor meinen Augen schweben.)
42	Jesus richte mein Beginnen... Jesus sei nur mein Begier.

BWV 100, 1	Was Gott tut, das ist wohlgetan, es bleibt gerecht sein Wille Wie er fängt meine Sachen an, will ich ihm halten stille.
6	So wird mich Gott ganz väterlich in seinen Armen halten. drum laß ich ihn nur walten.

In der Kantate „Ich liebe den Höchsten von ganzem Gemüte" (BWV 174) erscheinen die Corni da caccia nur in der einleitenden Sinfonia. Bach hat diesen
Satz aus dem 3. Brandenburgischen Konzert übernommen und durch Bläser
ergänzt. darunter auch die Corni da caccia, wohl, um dem Gedanken Rechnung
zu tragen, der die ganze Kantate bestimmt: Gott sucht die Menschen zu gewinnen, sie sollen sich ihm hingeben.

BWV 174, (2	Ich liebe den Höchsten von ganzem Gemüte, er hat mich auch am höchsten lieb.
3	Der Vater hat des Kindes Leben vor Sünder in den Tod gegeben und alle, die das Himmelreich verscherzet und verlo- ren, zur Seligkeit erkoren.
4	Greifet zu, faßt das Heil!

In der Kantate „Lobe den Herrn, meine Seele" (BWV 143) , der einzigen mit
drei Corni da caccia, erscheinen solche Gedanken nur als knappe Andeutung:

BWV 143, 6	Jesu, Retter deiner Herde.

Die Wahl der Instrumente hat ihren Grund wohl vor allem in der theologischen
Bedeutung des Neujahrstages und Festes der Namengebung Jesu. Die starke
Bläserbesetzung preist Jesus als König:

BWV 143, 5	Der Herr ist König ewiglich.

Dabei wird mehrfach betont, daß er das Amt als Friedefürst hat

BWV 143, (2   Du Friedefürst, Herr Jesu Christ.)
       7   Gedenk, Herr Jesu, an dein Amt,
          daß du ein Friedfürst bist!

In zwei Kantaten wählt Bach die französische Bezeichnung *Corne du chasse*:

BWV 89, 1   Was soll ich aus dir machen, Ephraim?
          Soll ich nicht billig ein
          Adama aus dir machen und dich wie Zeboim zu-
          richten? Aber mein Herz ist anders Sinnes, .meine
          Barmherzigkeit ist zu brünstig.

(Adama und Zeboim waren Städte, die zerstört wurden wie
Sodom und Gomorrha.)

BWV 109, 1   Ich glaube, lieber Herr, hilf meinem Unglauben!

Offenbar ist die französische Bezeichnung Symbol dafür. daß Jesus den Menschen nachgeht bis in die tiefste Gottferne hinein[37].

In zwei anderen Kantaten verbindet Bach italienische und französische Worte. *Core du chasse* schreibt er im Kopftitel der Epiphaniaskantate

BWV 65, 1   Sie werden aus Saba alle kommen. Gold und
          Weihrauch bringen und des Herren Lob verkündigen.

Gemeint sind die Weisen aus dem Morgenland als erste Vertreter des Heidentums, der Ungläubigen. Darum setzt Bach hier das französische Wort ein. Durch die Umwandlung des französischen Corne zum italienischen Core = Herz gibt Bach ein doppeltes Symbol: Die Weisen müssen nicht erst aus der Heidenwelt gerufen werden, sie sind schon auf dem Weg. Dem entspricht hier ein italienisches Wort. Core symbolisiert aber auch das wichtigste Anliegen der Kantate, die Hingabe des Herzens, so wie sich Christus uns hingegeben hat:

BWV 65, (4   Jesus will das Herze haben.
          Schenke dies, o Christenschar,

---

[37] Eingehend wird die symbolische Verwendung der Sprachen behandelt in: Ludwig Prautzsch, Die Titelseiten der Kirchenmusik Johann Sebastian Bachs (in Vorbereitung).

Jesus zu dem neuen Jahr!)
(5   Verschmähe nicht,
du, meiner Seele Licht,
mein Herz, das ich in Demut zu dir bringe...
Gib aber dich auch selber mir,
so machst du mich zum Reichsten auf der Erden!)

Umgekehrt, französisch-italienisch, schreibt Bach in der Kantate „Was willst du dich betrüben" (BWV 107): *Corne da caccia.* Die Kantate erklang im Anschluß an das Evangelium Markus 8, 1-9: Jesus speist viertausend Menschen in der Wüste. Die meisten dürften keine Heiden gewesen sein, nur „etliche sind von ferne gekommen". Gerade diese, gebunden durch die Macht des Bösen, will Jesus gewinnen, und dem entspricht die französische Bezeichnung Corne. Die italienische Bezeichnung da caccia aber weist darauf hin, daß sie selber zu ihm gekommen sind und drei Tage bei ihm ausgeharrt haben, um von ihrer Not befreit zu werden.

BWV 107, 1   Ergib dich, den zu lieben
der heißt Immanuel!
(3   Mit ihm kannst du erjagen,
was dir ist nütz und gut.)
(4   Wenn auch gleich aus der Höllen
der Satan wollte sich
dir selbst entgegenstellen.)

Nur das französische Wort *Corne* steht in der Kantate

BWV 68, 1   Also hat Gott die Welt geliebt,
daß er uns seinen Sohn gegeben.

Hier werden die Worte des Evangeliums aufgenommen ,die Jesus an den ungläubig zweifelnden Nikodemus richtet (Joh. 3, 16-21).

Ein besonders eindringliches Symbol ist die französische Bezeichnung *Corne par force* im der Kantate

BWV 14, 1   Wär Gott nicht mit uns diese Zeit,
wir hätten müssen verzagen,
die so ein armes Häuflein sind,
veracht′ von so viel Menschenkind,
die an uns setzen alle.

2   Unsre Stärke heißt zu schwach,
        unserm Feind zu widerstehen.
        Stünd uns nicht der Höchste bei,
        würd uns ihre Tyrannei
        bald bis an das Leben gehen.

Par force - mit Kraft muß sich der Herr einsetzen, um der Macht des Bösen zu begegnen. Im Evangelium von der Stillung des Sturms (Matth. 8, 23-27), auf das sich die Kantate bezieht, sind die drohenden Wellen ein Sinnbild für die Bäche Belials, die Chaosmächte. Wie aber sieht die Stärke aus, die der Heiland dem Widersacher entgegenstellt? Bach setzt die Stimmung des Corne par force vom ersten zum zweiten Satz um eine Quinte tiefer, vom F zum B: Christus überwindet die Fluten des Verderbens, indem er sich selber hineinstürzt in die Tiefe des Todes und der Hölle.

Posaunen und Zink

Die *Trombone* (Posaune) gehört wegen ihrer engen Mensur zur Familie der Trompeten, doch kann sie durch ihre Züge den Grundton tiefer legen und damit die Töne zwischen den ursprünglich gegebenen Naturtönen erreichen. Sie begibt sich dann des reinen Spiels mit Naturtönen und paßt sich menschlichem Ausdrucksbedürfnis an. Das kann als Gleichnis verstanden werden für den Sohn Gottes: Er „hielt es nicht für einen Raub, Gott gleich sein, sondern entäußerte sich selbst und nahm Knechtsgestalt an, ward gleich wie ein anderer Mensch und an Gebärden als ein Mensch erfunden. Er erniedrigte sich selbst und ward gehorsam bis zum Tode" (Phil. 2, 6-8).

Diese Deutung finden wir im Kantatenwerk Bachs bestätigt. Er setzt die Posaunen fast ausschließlich zur Unterstützung der Chorstimmen in motettischen Sätzen ein: Christus wie ein anderer Mensch! Doch Bach geht nicht formalschematisch vor, nicht alle motettischen Chöre werden von Posaunen begleitet. Den zehn motettischen Sätzen mit Posaunen stehen fünf gegenüber, in denen keine Posaunen colla parte mitgehen.

In drei Kantatensätzen spielen vier Posaunen colla parte mit:

      BWV 2, 1   Ach Gott vom Himmel, sieh darein
                      und laß dich des erbarmen!
                      wie wenig sind der Heilgen dein,
                      verlassen sind wir Armen.

BWV 21, 9 (Sei nun wieder zufrieden, meine Seele!)

(Nach diesem a capella gesungenen, nur vom Continuo gestützten Abschnitt treten mit den anderen Instrumenten auch die Posaunen hinzu, im Sopran erklingt dazu die Choralstrophe:)

> Denk nicht in deiner Drangsalshitze,
> daß du von Gott verlassen seist.

BWV 38, 1 Aus tiefer Not schrei ich zu dir.

Diese Sätze sprechen von der tiefen Verlassenheit der Menschen in ihrer Sündennot, doch setzt Bach in den mitgehenden Posaunen ein Symbol, daß Christus dieselbe Not auf sich genommen hat und an ihrer Seite geht.

Im Duett der Osterkantate „Christ lag in Todesbanden" (BWV 4) werden Sopran und Alt von Posaunen colla parte begleitet, der Text schildert die Hoffnungslosigkeit unter der Gewalt des Todes:

BWV 4, 3 Den Tod niemand zwingen konnt
bei allen Menschenkindern.

Auch hier symbolisieren die beiden Posaunen, daß Christus sich der Macht des Todes ausgeliefert hat.

Zu den Posaunen tritt oft noch im Sopran der *Cornetto*, der Zink. Dieser hat eine den Posaunen vergleichbare Entwicklung erfahren: Die zwischen den Naturtönen fehlenden Töne werden durch Grifflöcher spielbar gemacht. Hinzu kommt, daß der Corpus des Zinken nicht aus Metall, sondern aus Holz oder Leder gefertigt ist. So kann er in besonderer Weise Symbol sein für den, der einen irdischen Leib angenommen hat.

In folgenden Sätzen im Stil der alten Motette sind jeweils der Sopran vom Zink, die anderen drei Stimmen durch Posaunen unterstützt:

BWV 4, 2 Christ lag in Todes Banden,
für unsre Sünd gegeben.
Er ist wieder erstanden
und hat uns bracht das Leben.

BWV 28, 2	Nun lob, mein Seel, den Herrn,... Hat dir dein Sünd vergeben und heilt dein Schwachheit groß.
BWV 64, 1	Sehet, welch eine Liebe hat uns der Vater erzeiget daß wir Gottes Kinder heißen!
BWV 68, 5	Wer an ihn gläubet, der wird nicht gerichtet; wer aber nicht gläubet, der ist schon gerichtet, denn er gläubet nicht an den Namen des eingeborenen Sohnes Gottes.
BWV 101, 1	Nimm von uns, Herr, du treuer Gott, die schwere Straf und große Not!
BWV 121, 1	Christum wir sollen loben schon, der reinen Magd Marien Sohn.

In diesen Sätzen, von denen drei in die Weihnachtszeit gehören (BWV 28, 64 und 121), sind die Texte erfüllt von der Gewißheit, daß der eingeborene Gottessohn unter uns ist und uns von Sünde und Tod frei macht. Das Nebeneinander von Zink und Posaunen ist ein Symbol für die beiden Naturen in der Person Jesu: Die Posaunen stehen für den wahren Gott, der Zink - aus anderem Material, in temperierter Stimmung leicht unrein - für den wahren Menschen.

Zu dieser Gruppe gehören auch noch der etwas umfangreicher gestaltete Schlußchoral der Kantate „Du wahrer Gott und Davids Sohn" (BWV 23):

BWV 23, 4	Christe, du Lamm Gottes, der du trägst die Sünd der Welt, erbarm dich unser!

sowie in der Kantate „Es ist nichts Gesundes an meinem Leibe" (BWV 25) ein in den Eingangschor eingefügter Bläserchoralsatz für zwei Blockflöten, Zink und drei Posaunen über die Melodie „Herzlich tut mich verlangen". Alfred Dürr hat glaubhaft gemacht[38], daß Bach hier wohl an die Strophe eines anderen Liedes gedacht habe:

---

[38] Alfred Dürr, a. a. O., S. 430.

BWV 25, 1   Es ist nichts Gesundes an meinem Leibe vor deinem
            Dräuen und ist Friede in meinen Gebeinen vor mei-
            ner Sünde.

(Dazu Bläserchoral:)

            Heil du mich, lieber Herre!

Zu den Instrumenten, die Symbol sind für den Gottes- und Menschensohn. der
alle Schuld auf sich nahm, treten hier die Blockflöten als Zeichen für den, der
ohne Sünde war (s. S. 73).

In einigen Kantaten sind Posaunen oder Zink lediglich Verstärkung des Cantus
firmus:

BWV 3, 1   Posaune:
            Ach Gott, wie manches Herzeleid
            begegnet mir zu dieser Zeit.

BWV 95, 1   Zink:
            Mit Fried und Freud ich fahr dahin
            nach Gottes Willen.

BWV 133, 1 Zink:
            Ich freue mich in dir und heiße dich willkommen,
            mein liebes Jesulein! Du hast dir vorgenommen,
            mein Brüderlein zu sein.

BWV 135, 1 Posaune:
            Ach Herr, mich armen Sünder
            straf nicht in deinem Zorn,
            dein ernsten Grimm doch linder,
            sonst ist's mit mir verlorn!

BWV 135, 6 Zink:
            Ehr'sei ins Himmels Throne
            dem Vater und dem Sohne
            und auch zu gleicher Weis
            dem Heilgen Geist mit Ehren,
            der woll uns all'n bescheren
            die ewge Seligkeit.

Die unterschiedliche Symbolik der beiden Instrumente ist deutlich zu erkennen. Die Posaune allein setzt Bach dort ein, wo nur von Angst und Not die Rede ist - dort ist Christus unerkannt bei uns. Der Zink erklingt in einer Weihnachtskantate (BWV 133) und in Verbindung mit dem Lied über den Lobgesang des Simeon, der den neugeborenen Jesus vor Augen hat (BWV 95).

Dort, in der Kantate „Christus, der ist mein Leben" (BWV 95) hat Bach ein besonders schönes Sinnbild geschaffen. Der Zink wird dort *Cornettino* genannt[39]. Die doppelte Verkleinerung des Wortes Corno besagt: Jesus wird nicht nur als Mensch, sondern als Säugling dargestellt. Jede Zeile des Chorals „Mit Fried und Freud ich fahr dahin" wird vom Zinken in Verkleinerung vorgespielt, bevor der Chor in normalem Zeitmaß einsetzt .

Bachs Komposition schildert die Szene bei der Darstellung Jesu im Tempel: Simeon, in den Worten des Chors gegenwärtig, sieht vor sich das Jesuskind, das durch die Choralweise des Cornettino - dreifach verkleinert! - symbolisiert wird. Den Namen des Heilands hatte vorher der Chor im selben Satz mit der Liedstrophe „Christus, der ist mein Leben" genannt, auch hier spielt der Cornettino mit.

In der Kantate „Ach Herr, mich armen Sünder" (BWV 135) führt der Weg von der Sündennot zur Gewißheit:

BWV 135, 5   Mein Jesus tröstet mich.

Bach kennzeichnet diese Entwicklung durch die Posaune im ersten, den Zinken im letzten Satz.

Ähnlich verfährt Bach in anderen Kantaten durch die Symbolik zweier Blechblasinstrumente:

---

[39] Ich folge hier der Mitteilung Wilhelm Rusts in: Johann Sebastian Bachs Werke, hsg. von der Bachgesellschaft, Bd. XXII, Leipzig 1875, der auf dem Stimmumschlag *Cornō* gelesen hat. Heute ist dort nur *Corno* zu sehen, unter dem Wort erkennt man aber deutlich eine kräftige Radierspur. Nur Reste des Zirkumflexes als Abkürzungszeichen sind noch sichtbar. Alfred Dürr irrt also, wenn er hier einen Lesefehler vermutet (in: Die Kantaten von Johann Sebastian Bach, Kassel 1971, S. 452). Vgl. Ludwig Prautzsch, Der Cornettino in der Kantate „Christus, der ist mein Leben" von Johann Sebastian Bach, in: Musik und Kirche, 70. Jg., 2000, S. 112f.

120

BWV 96, 1	Horn oder Posaune: Herr Christ, der einge Gottessohn, Vaters in Ewigkeit, aus seinem Herzen entsprossen.
(2	Wenn sich die Herrlichkeit im letzten Teil der Zeit zur Erde senket.)
6	Horn: Ertöt uns durch dein Güte, erweck uns durch dein Gnad!

Von dem Gnadenthron des Vaters - (Horn) kommt der Gottessohn (Posaune) auf die Erde. Er kann uns - wieder auf dem Thron - zu ewigem Leben erwekken.

Zugtrompete und Zughorn

Gelegentlich schreibt Bach *Tromba da tirarsi* oder *Corno da tirarsi* vor. Diese Instrumente sind mit Zügen ausgestattet wie die Posaunen. In der symbolischen Bedeutung dürften sich also die Kennzeichen beider Instrumentengruppen miteinander verbinden. Tromba da tirarsi bezeichnet dann den Herrn und König, der aber zugleich - unbegreiflich für uns Menschen - sich selbst erniedrigt,

Die Texte der betreffenden Kantaten lassen aber auch erkennen, daß Bach mit dem Zusatz da tirarsi, zum Ziehen, wohl noch eine weiterführende, dem Wortsinn folgende Symbolik beabsichtigt hat: Gott will die Menschen zu sich ziehen, fort von den Sünden dieser Welt:

BWV 20, 8	Wacht auf, verlornen Schafe, ermuntert euch vom Sündenschlafe und bessert euer Leben bald! Wacht auf, eh die Posaune schallt, die euch mit Schrecken aus der Gruft zum Richter aller Welt vor das Gerichte ruft! (In dieser Kantate auch die Sätze 1, 7 und 11)
BWV 77, 1	(Du sollst Gott, deinen Herrn, lieben.) (mit dem Cantus firmus in der Tromba da tirarsi:) Dies sind die heilgen zehn Gebot.

BWV 124, 1   Meinen Jesum laß ich nicht,...
so erfordert meine Pflicht,
klettenweis an ihm zu kleben.
(5   Entziehe dich eilends, mein Herze, der Welt!)

Corno da tirarsi ist nur in einer Kantate angegeben:

BWV 162, 1   Ach, ich sehe,
itzt, da ich zur Hochzeit gehe,
Wohl und Wehe,...
Himmelsglanz und Höllenflammen
sind beisammen.
Jesu, hilf, daß ich bestehe!

Auch hier ist zu erkennen, daß Gnade und Gebot nebeneinander stehen. Der Herr im Gleichnis vom königlichen Hochzeitsmahl, das dieser Kantate zugrunde liegt (Matth. 22, 1-14), hat in seiner Gnade die Bettler von der Straße eingeladen, doch er erwartet ein hochzeitliches Gewand. Wer anders kann es geben, als er selbst? So setzt Bach zum Symbol der Gnade, dem Corno, den Zusatz da tirarsi, der zugleich Sinnbild ist für die Forderung Gottes und für seine Erniedrigung, die uns das weiße Hochzeitskleid schenkt, das im Schlußchoral genannt wird.

Lituo

Über die symbolische Bedeutung des *Lituo* können nur Vermutungen angestellt werden. Bach hat dieses Instrument nur in der Motette „O Jesu Christ, meins Lebens Licht" (BWV 118) verwandt, die er in zwei unterschiedlich instrumentierten Fassungen niedergeschrieben hat. In beiden setzt er zwei Litui ein, einmal in Verbindung mit Zink und Posaunen, dann mit Oboen und Streichern. Offenbar war ihm viel daran gelegen, die beiden Litui mitwirken zu lassen.

Daß es sich bei diesem Instrument um ein Horn handeln muß, hat Curt Sachs dargestellt[40]; die Bezeichnung war zu Bachs Zeiten wenig bekannt und läßt sich nur in Böhmen nachweisen.

Unbekannt ist auch, für welchen Anlaß Bach diese Motette geschrieben hat. Arnold Schering vermutet, daß sie für die Beerdigung des Leipziger Stadt-

---

[40] Curt Sachs, Die Litui in Bachs Motette „O Jesu Christ, meins Lebens Licht", in: Bach-Jahrbuch Jg. 1921, S. 96ff.

kommandanten und Gouverneurs Reichsgraf Friedrich von Flemming im Jahre 1740 bestimmt war[41], die mit großem militärischen Prunk begangen wurde, wobei auch Militärmusiker, eben die beiden Lituo-Bläser, mitwirkten.

Die Darstellung Scherings gewinnt an Wahrscheinlichkeit, wenn man das theologisch-symbolische Denken und Gestalten Bachs in Betracht zieht. Merkwürdig ist nämlich auch der Text, der in beiden Partituren nur die erste Strophe des Begräbnisliedes umfaßt:

BWV 118   O Jesu Christ, meins Lebens Licht,
mein Hort, mein Trost, mein Zuversicht,
auf Erden bin ich nur ein Gast,
und drückt mich sehr der Sünden Last.

Wie wohl bei keiner anderen Kirchenkomposition Bachs fehlt dieser Motette die Zusage der Gnade Gottes, sie wendet sich zwar voll Vertrauen an den Heiland, aber schließt geradezu bedrückend mit dem Bekenntnis der Schuld, die Antwort Gottes steht noch aus.
.

Wollte Bach in diesem Werk die schwere Frage anklingen lassen, die die protestantischen Kirchen seit Martin Luther bewegt, ob auch ein Kriegsmann selig werden kann? Vielleicht hat er deswegen zwei Militärmusiker herangezogen, die gleichsam mit ihren Instrumenten, die ja den Namen der antiken römischen Kriegstrompeten trugen, um die Gnade Gottes für den Stand der Soldaten bitten sollten.

Vielleicht ist es auch von Bedeutung, daß Bach für die Motette eine Liedstrophe von Martin Behm gewählt hat, der im Leipziger Gesangbuch von Vopelius 1682 *Böhme* genannt wird und in Lauban gelebt hatte, das damals zu Böhmen gehörte. Das böhmische Wesen - noch heute im Volksmund ein Begriff des Fremden und Unbekannten - könnte so als Symbol für die Gottferne der Kriegsleute gemeint sein; Christus geht auch ihnen nach und ist für sie gestorben. So läßt Bach aus dem Corno ein Lituo werden.

---

[41] Arnold Schering, Kleine Bachstudien, in: Bach-Jahrbuch Jg. 1933, S. 56ff.

Pauken

Schließlich sollen auch die verschiedenen Bezeichnungen der Pauken betrachtet werden, die in Bachs Werken zumeist die Baßstimme im Trompetenchor darstellen.

Nur an wenigen Stellen weicht Bach von der sonst durchgehend verwendeten Bezeichnung *Tamburi* ab und schreibt *Tympana, Tympani, Tympalles, Tympali, Tymbali* oder abgekürzt *Tymp.* Allen diesen Formen ist die griechische erste Silbe Tym- gemeinsam, abgeleitet von τυπτω [typto], schlagen.

In der Sprache des Neuen Testaments kann diese Silbe als Hinweis verstanden werden auf Jesus, er wird geschlagen, obwohl er doch der Herr ist, den die Pauken symbolisieren (s. S. 96).

Tympana, das rein griechische Wort, benutzt Bach in der Kantate „Dem Gerechten muß das Licht immer wieder aufgehen" (BWV 195). Sie war für die Trauung eines „hoch edlen Paares" bestimmt, dessen Tugend und Gerechtigkeit im Text gerühmt werden. Gerade diesen hochgestellten Personen gegenüber wollte Bach wohl in seinem besonderen Symbol bezeugen, daß vor Gott nicht der hohe Rang, sondern die Erniedrigung seines Sohnes gerecht macht.
Dieselbe Bezeichnung wählt er für die Missa (BWV 232), die er seinem Landesfürsten König Friedrich August III. übersandte, und er tat dies sicher aus dem gleichen Grund.

Tympani steht in der Kantate „Gott der Herr ist Sonn und Schild" (BWV 79). Die Verquickung von Machtstreben und katholischer Religion, wie sie Sachsen durch den Glaubenswechsel seines Kurfürsten August des Starken erlebt hatte, ist wohl Anlaß für Bach gewesen, diese Bezeichnung der Pauken zu wählen. In der Kantate zum Reformationsfest wird die Bedeutung des rechten Glaubens betont:

BWV 79, 4	Gottlob, wir wissen den rechten Weg zur Seligkeit; denn Jesu, du hast ihn uns durch dein Wort gewiesen... Weil aber viele noch in dieser Zeit an fremdem Joch aus Blindheit ziehen müssen, ach, so erbarme dich auch ihrer gnädiglich, daß sie den rechten Weg erkennen und dich bloß ihren Vater nennen.

124

Die Bezeichnung erinnert durch die griechischen Silben an das Wort Jesu, das in dieser Sprache in den Evangelien steht, und an den Herrn, der eben nicht den Weg der Macht geht, sondern sich schlagen läßt.

Tympalles erscheint in der Kantate „Was Gott tut, das ist wohlgetan" (BWV 100), In dieser Bezeichnung verbindet Bach mit dem Stamm Tym- entweder das griechische παλλω [pallo]. schütteln, zittern, oder das lateinische pallesco, erblassen. Alle diese Worte lassen sich auf das Leiden und Sterben Jesu beziehen. Daß Gott uns gerade darin seine Hilfe schenkt, sagt der Schlußchoral:

> BWV 100, 6 Es mag mich auf die rauhe Bahn
> Not, Tod und Elend treiben,
> so wird Gott mich
> ganz väterlich
> in seinen Armen halten,
> drum laß ich ihn nur walten.

Er hält mich im Sterben, weil er selbst in den Tod gegangen ist, doch er bleibt der Herr, der über alles walten kann.

Die griechisch-italienisch gemischten Bezeichnungen *Tympali* und *Tymbali* kommen in der h-Moll-Messe (BWV 232) vor, die Abkürzung *Tymp.* in der Weihnachtskantate „Gloria in excelsis Deo" (BWV 91), die aus Sätzen der h-Moll-Messe besteht und darum mit dieser zusammen behandelt werden soll.

Blechbläser und Pauken in der h-Moll-Messe

In der h-Moll-Messe haben alle Chöre, die erfüllt sind vom Lobe Gottes, die festliche Besetzung mit drei Trompeten und Pauken:

Gloria in excelsis
Gratias agimus
Cum sancto spiritu
Patrem omnipotentem
Et resurrexit
Et vitam venturi saeculi
Sanctus
Osanna
Dona nobis pacem

In der Bezeichnung der Instrumente aber gibt es einige Besonderheiten.

Im Chor „Gloria in excelsis Deo" schreibt Bach an den Beginn der Notensysteme: *Tromba 1, Tromba 2, Principal.* Damit setzt er ein Zeichen, das wohl daran erinnern soll, daß das Gloria der Lobgesang nach der Geburt Jesu ist. Die dritte Trompete trägt den Namen Principal, Hauptstimme, so wie auch im Weihnachtsevangelium der Heilige Geist die wirkende Kraft ist: „denn daß von ihr (Maria) geboren ist, das ist vom heiligen Geist" (Matth. 1, 20).

Auch im folgenden Chor „Gratias agimus tibi" (Wir sagen dir Dank) weicht Bach an einer Stelle von der sonst durchweg gebrauchten Bezeichnung *Tromba* ab und schreibt beim ersten Einsatz der 1. Trompete in Takt 15 *Clarino 1.* Um diese - in der Messe einmalige - Bezeichnung zu deuten, müssen auch andere Zweige der symbolischen Arbeit Bachs herangezogen werden, vor allem die Psalmhinweise, die mit jeder Besonderheit in den autographen Partituren Bachs verbunden sind (s. S. 44). Die Taktzahl weist auf Psalm 15 hin:

Ps. 15 Herr, wer wird wohnen in deiner Hütte? - Wer ohne Tadel ist und recht tut.

Christus ist frei von Sünde, sein Herz ist rein, und dem entspricht an dieser Stelle ein Clarino als Zeichen der Reinheit. Der Chor singt dazu: „Propter magnam gloriam tuam" (um deiner großen Ehre willen).

Die Pauken nennt Bach bei ihrem ersten Auftreten im Chor „Gloria in excelsis Deo" *Tympali.* Die Bezeichnung weist auf das Leiden Christi hin, der ja schon in der Krippe durch den König Herodes bedroht ist und fliehen muß. Später ändert Bach diese Angabe zu *Tymbali.* Damit weist er schon voraus auf eine Stelle im Chor „Et resurrexit", wo er zweimal Tymbali eingetragen hat zu den Worten, die der Baß singt:

BWV 232, 18 Et iterum venturus est cum gloria, iudicare vivos et mortuos.
(Und er wird wiederkommen in Herrlichkeit, zu richten die Lebenden und die Toten.)

Die Beziehung zwischen den beiden Sätzen durch die gleiche Bezeichnung der Pauken soll wohl darauf hinweisen, daß das Kind in der Krippe als Richter der Menschen wiederkehren wird. Die Änderungen der Paukenbezeichnungen lassen wieder ein Sprachspiel Bachs erkennen. Jetzt bezieht er wohl das griechische βαλλω [ballo], werfen, ein. Christus erscheint als der Herr, „der auch Macht hat, zu werfen in die Hölle" (Luk. 12, 5).

Die erste Eintragung in diesem Chor in Takt 74 steht nicht unter dem Trompetenchor, sondern sieben Notensysteme tiefer als Zeichen der Erniedrigung Christi, die zweite in Takt 81[42] aber wieder an der richtigen Stelle, doch so geschrieben, daß man auch *Cymbali* lesen kann. Aus dem Symbol des Heilands, der sich für uns schlagen ließ, sind wohlklingende Zimbeln geworden, Instrumente des Gotteslobes, wie sie der 150. Psalm erwähnt.

In den Psalmworten zu diesen beiden Stellen am Beginn und Ende dieses Abschnitts vom Gericht Gottes kommt zuerst die Angst, dann der Dank für Gottes Hilfe zum Ausdruck:

> Ps. 74   Eine Unterweisung Asaphs. Gott, warum verstößest du uns sogar und bist so grimmig zornig über die Schafe deiner Weide?

> Ps. 81   Auf der Gittith vorzusingen, Asaphs. Singet fröhlich Gott, der unsre Stärke ist! .

In diese Gedanken bezieht sich Bach selber ein: Asaph war Sänger am Tempel, sein Name galt im Barock als Syonym für die Kirchenmusiker. Bach sieht sich als „Assaphus Christianus", wie es auf der Grabtafel für Heinrich Schütz in der Kreuzkirche zu Dresden stand[43].

Der einzige Satz, in dem ein Horn erklingt, folgt auf die Arie „Qui sedes ad dexteram Patris, miserere nobis!" (Der du sitzest zur Rechten des Vaters, erbarm dich unser!). Wir stehen vor dem Richterstuhl Christi und bitten um sein Erbarmen, weil ihm ja alle Macht übertragen ist. Davon spricht die folgende Arie: „Quoniam tu solus sanctus, tu solus Dominus, tu solus altissimus" (Denn du bist allein heilig, du bist allein der Herr, du bist allein der Höchste). Doch bevor der Baß diese Worte singt, setzt das Horn ein. das Symbol des gnädigen Gottes, ein Corno da caccia: Gott sucht uns. Bach schreibt aber *Core da caccia*. Damit verwendet er auch hier die italienische Nebenform für cuore, Herz als

---

[42] Bei der Taktzählung muß ein gestrichener Halbtakt als Takt 35 mitgerechnet werden, der symbolisch von Bedeutung ist.

[43] Eine ausführliche Darstellung der Paukenbezeichnungen in der h-Moll-Messe enthält meine mehrfach erwähnte Arbeit über die Titelseiten in Bachs Kirchenmusik.

Symbol dafür, daß Jesus uns mit seinem ganzen Herzen gewinnen will, ein
schönes Symbol in Verbindung mit der Bitte „Miserere nobis!"

Der Schluß dieser Betrachtung wird nun doch ein Betrag zur Diskussion über
die Ausführung der Blechbläserstimmen. Bachs Bezeichnungen sind vor allem
symbolisch begründet. Es geht ihm darum, durch den Einsatz der Instrumente
als Sinnbilder theologischer Aussagen jeden Text zutreffend zu interpretieren.

Wo immer es möglich ist, sollte man darum die Stimmen mit den vorgeschrie-
benen Instrumenten ausführen. Wo dies unüberwindliche Schwierigkeiten be-
reitet, müssen wir wohl auch dieses Unvermögen als Symbol verstehen, hat
doch Bach auch an anderen Stellen bewußt unspielbare Töne niedergeschrieben! Wir Menschen sind nicht imstande, Gottes Herrlichkeit und Gottes Niedrigkeit recht zu begreifen, zu beschreiben, zu rühmen.

Wir müssen versuchen, diese Musik mit unseren Mitteln darzustellen. Das
bedeutet: Wir sollen sie ebenso wie das Wort der Bibel für uns und unsere Zeit
interpretieren. Dabei werden sich je nach der Situation, der Anschauung oder
dem Vermögen der Interpreten durchaus unterschiedliche Lösungen ergeben.
Schon die Verwendung von Ventiltrompeten und -hörnern ist eine Abweichung
von der symbolischen Idee Bachs. Jede Interpretation hat ihr Recht, wenn sie
gut überlegt und begründet ist. Die Kenntnis der Symbolik möge dabei helfen.
Es ist aber nicht möglich, durch irgendeine andere Begründung eine im Bachschen Sinn „richtige" Lösung zu finden.

Meinem Freunde Volker Hopf, dem begeisterten und begeisternden Orgelspieler gewidmet

Die konzertierende Orgel - ein Bach-Symbol

Als letzte Gruppe der Instrumente müssen noch die Tasteninstrumente betrachtet werden Orgel und Cembalo. Soweit sie an der Ausführung des Generalbasses beteiligt sind, gilt für sie die Symbolik der Continuoinstrumente, aber doch in einer Weiterführung der Deutung im Blick auf den Generalbaßspieler. Seine Aufgabe besteht darin, daß er nach den vorgegebenen Baßtönen und den Generalbaßziffern Akkorde zu spielen hat, die er in einer gewissen Freiheit in verschiedenen Lagen wählen und auch noch improvisatorisch gestalten kann. Sinnbildlich verstanden heißt das: Er versucht, mit seinen Mitteln und Fähigkeiten, die Allmacht Gottes und die nach Maß und Zahl geschaffene Ordnung des göttlichen Kosmos in seinen Akkorden wiederzuspiegeln.

Da wir in den Instrumenten Symbole für das Wirken Christi erkannt haben, muß auch hier gesagt werden: Die Generalbaßakkorde können gedeutet werden als Hinweis auf Christus, der dem Spieler an der Orgel oder am Cembalo begegnet, ihn durch seinen Geist befähigt zu seinem Dienst im Lobe Gottes.

In einigen Kantaten aber setzt Bach diese Instrumente obligat, mit auskomponierten, verbindlichen Oberstimmen ein, die zumeist als konzertierende Stimmen hohe virtuose Ansprüche an den Spieler stellen. Mehrfach handelt es sich dabei um Parodien von Cembalokonzerten.

Es liegt nahe, in den Partien des *organo obligato* ein Sinnbild dafür zu sehen, daß der Heiland Bach selber, den in seiner Zeit berühmten Orgelspieler, erreichen möchte[44].

Nun dürfte man in jedem Kantatentext Worte finden, die Bach ganz persönlich berühren und darum die Verwendung der obligaten Orgel als Symbol für seine eigene Anteilnahme an der Aussage der Texte, an Lob, Bitte und Bekenntnis, rechtfertigen würden. Eine genaue Untersuchung der Kantaten dürfte sich daher erübrigen.

---

[44] Einige Beispiele in: Ludwig Prautzsch, Die Titelseiten der Kirchenmusik Johann Sebastian Bachs (in Vorbereitung).

Die Auswahl der Kantaten mit obligater Orgel im Verlauf seines Lebens und Schaffens ist aber sehr aufschlußreich. Zunächst soll hier eine Übersicht folgen: Dabei sind Sätze und Texte, bei denen der Organo obligato nicht beteiligt ist, die aber wichtig sind für die Beziehung, in denen sein Einsatz erfolgt, in Klammern gesetzt.

Jahr Bestimmung	Evangelium	Titel der Kantate	BWV	Text der Sätze
1708 Ratswechsel		Gott ist mein König	71. 2	(Arie: Ich bin nun achtzig Jahr) Choral: Soll ich auf dieser Welt mein Leben höher bringen, durch manchen sauren Tritt hindurch ins Alter dringen, so gib Geduld, für Sünd und Schanden mich bewahr, auf daß ich tragen mag mit Ehren graues Haar.
1715 1. Stg. n. Trin.	Auferweckung des Jünglings zu Nain	Komm, du süße Todesstunde	161, 2	(Arie: Komm, du süße Todesstunde!) Choral: Herzlich tut mich verlangen nach einem selgen End... O Jesu, komm nur bald!

130

1726 Trinitatis	Jesu Gespräch mit Nikodemus	Sprich Ja zu meinen Taten (Ausschnitt aus der Kantate: Höchsterwünschtes Freudenfest) (ursprünglich Oboe)	194, 3	Arie: Was des Höchsten Glanz erfüllt, was des Höchsten heilges Wesen sich zur Wohnung auserlesen, wird in keine Nacht verhüllt.
			(5)	(Arie: Hilf, Gott, daß es uns gelingt und dein Feuer in uns dringt, daß es auch in dieser Stunde wie in Esaiae Munde seiner Wirkung Kraft erhält und uns heilig vor dich stellt.)
			(6)	(Rezitativ: Ihr Heiligen, erfreuet euch! ...von dannen er... ein gereinigt Herz zu sich von dieser eitlen Erde ziehet.)
		(ursprünglich Oboe)	10	Arie: O wie wohl ist uns geschehen! Schmeckt und sehet doch zugleich, Gott ist freundlich gegen euch!
1726 6. Stg. n. Trin.	Die Gerechtigkeit der Christen	Vergnügte Ruh, beliebte Seelenlust (um 1748-1750 Organo obligato durch Flauto ersetzt)	170, 3	Arie: Wie jammern mich doch die verkehrten Herzen, die dir, mein Gott, so sehr zuwider sein.
			5	Arie: Mir ekelt, mehr zu leben, drum nimm mich, Jesu, hin! Mir graut vor allen Sünden, laß mich dies Wohnhaus finden, woselbst ich ruhig bin!

1726 12. Stg. n. Trin.	Heilung des Taubstummen	Geist und Seele wird verwirret	35, 1 2	Sinfonia Arie: Gott hat alles wohlgemacht. Wenn uns Angst und Kummer drücket, hat er reichen Trost geschicket.
			5	Sinfonia
1726 16. Stg. n. Trin.	Auferweckung des Jünglings zu Nain	Wer weiß, wie nahe mir mein Ende	27,(3)	(Rezitativ: Und was das Werk der Hände tut, ist gleichsam, ob ich sicher wüßte, daß ich noch heute sterben müßte.)
		(in der Partitur als Cembalo angegeben)	4	Arie: Willkommen, will ich sagen, wenn der Tod ans Bette tritt. Alle meine Plagen nehm ich mit.
1726 17. Stg. n. Trin.	Heilung des Wassersüchtigen	Wer sich selbst erhöht, der soll erniedriget werden	47, 2	Arie: Wer ein wahrer Christ will heißen, soll der Demut sich befleißen. Gott pflegt alle die zu hassen, die den Stolz nicht fahren lassen.
1726 18. Stg. n. Trin.	Das vornehmste Gebot: Gott zu lieben	Gott soll allein mein Herze haben	169, 1 2	Sinfonia Arie: Gott soll allein mein Herze haben. Er liebt mich in der bösen Zeit und will mich in der Seligkeit mit Gütern seines Hauses laben.

1726 20. Stg. n. Trin.	Das königliche Hochzeitsmahl	Ich geh und suche mit Verlangen	49, 1 2	Sinfonia Arie: Ich geh und suche mit Verlangen dich, meine Taube, schönste Braut.
			6	Arie: Dich hab ich je und je geliebet, und darum zieh ich dich zu mir. Ich komme bald, ich stehe vor der Tür! Choral: Wie bin ich doch so herzlich froh, daß mein Schatz ist das A und O. Er wird mich doch zu seinem Preis aufnehmen in das Paradeis.
1728 21. Stg. n. Trin.	Heilung des Sohnes eines Königischen	Ich habe meine Zuversicht	188, 1 4	Sinfonia Arie: Unerforschlich ist die Weise, wie der Herr die Seinen führt. Selber unser Kreuz und Pein muß zu unserm Besten sein.
1728 Jubilate	Eure Traurigkeit soll in Freude verkehrt werden	Wir müssen durch viel Trübsal in das Reich Gottes eingehen	146, 1 2	Sinfonia Chor: Wir müssen durch viel Trübsal in das Reich Gottes eingehen.
1729 Trauung		Herr Gott, Beherrscher aller Dinge	120a, 1 (2)	Sinfonia (Rezitativ: Wenn wir noch gar nichts sein und von uns selbst nichts wissen, ist deine Liebe und Barmherzigkeit vor unser Wohlgedeihn aufs eifrigste beflissen. Dein Name und die Lebenszeit sind bei dir angeschrieben.)

1731 Rats- wechsel		Wir danken dir, Gott, wir danken dir	29, 1 (3) 7	Sinfonia (= 120a, 1) (Arie: Halleluja, Stärk und Macht sei des Allerhöchsten Namen! Zion ist noch seine Stadt, da er seine Wohnung hat, da er noch bei unserm Samen an der Väter Bund ge- dacht.) Arie: Halleluja, Stärk und Macht sei des Allerhöchsten Namen! (Quarttransposition von 3)
um 1733 3. Stg, n. Ep.	Heilung des Gichtbrüchigen	Herr, wie du willt, so schick´s mit mir (Ursprünglich Corno, durch Organo obligato ersetzt)	73, 1	Chor und Rezitativ: Herr, wie du willt, so schick´s mit mir im Leben und im Sterben! (Die Ruhe, so du in dem Todesschlafe uns einst bestimmt, ein Eingang zu der Hölle. Doch macht dein Geist uns dieses Irrtums frei.)
um 1733 1. Pfingst- feiertag	Ausgießung des Heiligen Geistes	Erschallet, ihr Lieder, er- klinget, ihr Saiten (ursprünglich Oboe, durch Organo obligato ersetzt)	172, 5	(Duett: Seele: Komm, laß mich nicht länger warten! Höchste Liebe, komm herein! Heiliger Geist: Ich bin dein, und du bist mein!) c. f. ohne Text, gemeint ist wohl: Du heilige Brunst, süßer Trost, nun hilf uns fröhlich und getrost, daß wir hier ritterlich ringen, durch Tod und Leben zu dir dringen.

Wenn man berücksichtigt, daß Bach in der Kantate „Vergnügte Ruh, beliebte Seelenlust" (BWV 170) die obligate Orgel durch eine Querflöte ersetzt hat und auf der Titelseite ausstreichen ließ, sind es 14 Kantaten, die uns mit obligater Orgel überliefert sind. Diese Zahl als Summe der Buchstaben des Namens BACH nach dem Zahlenalphabet könnte eine zahlensymbolische Bestätigung sein, daß die obligate Orgel ein Sinnbild für die Zuwendung Jesu zu BACH persönlich darstellt, allerdings nur unter der Voraussetzung, daß alle Kantatenpartituren, in denen Bach ein Organo obligato eingesetzt hat, auf uns gekommen sind.

Die Betrachtung der Reihe zeigt, daß Bach offensichtlich schon in Mühlhausen die obligate Orgel als symbolischen Hinweis auf seine Person und sein Wirken verstanden hat. Im Alter von 23 Jahren setzt er sie ein im Blick auf die vor ihm liegende Lebenszeit mit der Bitte um Gottes Hilfe und Bewahrung vor der Sünde bis ins hohe Alter.

Dieser Gedanke bewegt ihn in den folgenden Jahren offenbar immer dann, wenn er in besonderer Weise den Tod vor Augen hat. Im Jahre 1715 mag ihn wohl der Evangelientext von der Auferweckung des Jünglings zu Nain dazu angeregt haben, sein persönliches Zeichen zu setzen, um seine Hoffnung auf die Auferstehung zum Ausdruck zu bringen.

Einen besonderen Schwerpunkt bildet in dieser Hinsicht das Jahr 1726, in dem er das 41. Lebensjahr vollendet hat. Die Zahl 41 ist die Umkehrung seiner Namenszahl 14 und wurde darum von Bach als Symbolzahl für seinen Tod benutzt, wie ja auch in der Bibel wiederholt das transitive Verb umkehren mit verderben gleichgesetzt wird (1. Mose 19, 25). Bach nahm diese symbolische Beziehung zum Anlaß, in diesem Jahr ein eindringliches Memento mori zu begehen und sein eigenes Sterben zu bedenken.

Beginnend mit dem Tag der Darstellung Jesu, an dem der Lobgesang des Simeon im Gottesdienst verlesen wurde: „Herr, nun lässest du deinen Diener in Frieden fahren, denn meine Augen haben deinen Heiland gesehen", verzichtete er wochenlang darauf, eigene Kantaten zu komponieren und aufzuführen, sondern ließ in den Gottesdiensten Kantaten seines Verwandten Johann Ludwig Bach erklingen[45]. Das geschah zunächst an 13 Sonn- und Festtagen als Hinweis auf den Tod (13). Dann erklingt am Himmelfahrtsfest wieder eine eigene Kan-

---

[45] vgl. die Erörterung dieser Tatsache in: Ludwig Prautzsch. Die Titelseiten der Kirchenmusik Johann Sebastian Bachs (in Vorbereitung).

tate: „Gott fähret auf mit Jauchzen" (BWV 43), in der Bachs Wunsch, in den Himmel zu gelangen, zum Ausdruck kommt:

BWV 43, 9/10 Ich stehe hier am Weg
und schau ihm sehnlich nach.
Er will mir neben sich
die Wohnung zubereiten.

In den folgenden Wochen erklingen gelegentlich Kantaten Johann Sebastian Bachs, dazwischen immer wieder Werke seines Vetters. Auffallend ist, daß er dabei gleich in sieben Kantaten die konzertierende Orgel einsetzt.

Zehn Tage nach Himmelfahrt folgt die erste dieser Gruppe, BWV 194; ob sie am Trinitatisfest 1726 aufgeführt wurde, ist zwar umstritten[46], doch spricht die Aussage des Textes, den ich aus diesem Grund besonders ausführlich wiedergegeben habe, dafür, daß Bach die Umformung dieser Kantate eigens für die Reihe dieser Kantaten vornehmen ließ. An die Stelle des Eingangschors vom „Höchsterwünschten Freudenfest" setzt er den ursprünglichen Schlußchoral, der eine ganz persönlich gehaltene Bitte um die selige Heimfahrt darstellt:

BWV 194, 12 Mein Herz sei deine Hütte,
dein Wort sei meine Speise,
bis ich gen Himmel reise!

In dieser Auswahl von sechs Stücken der Kantate wird die Frage der Wohnung umgekehrt. Bevor Bach das Wohnhaus bei Gott finden kann, muß Gott Wohnung in seinem Herzen genommen haben. Die obligate Orgel anstelle einer Oboe ist dann das Sinnbild dafür, daß Gott sein „gereinigt Herz zu sich von dieser eitlen Erde ziehet" (Nr. 6 = ursprünglich 7).

Am 6. Sonntag nach Trinitatis hat er offenbar zwei Kantaten aufgeführt[47], neben eine Kantate seines Vetters, stellt er eine eigene. Die erste ruft eindringlich dazu auf, durch gute Werke seinen Glauben zu erweisen:

JLB 7, 7 Dies ist die Prob´, die er von dir begehrt,
denn hörst du seine Stimme,

---

[46] Die gegensätzlichen Meinungen siehe: Alfred Dürr, Die Kantaten von Johann Sebastian Bach, Kassel 1971, S.584, und Kritischer Bericht zur Neuen Bach-Ausgabe, Serie I, Bd. 31, S. 125.
[47] Alfred Dürr, a. a. O., S. 364.

so ruft er dich mit Namen:
Es wird dein Glaub' allhier dadurch bewähret,
wenn er durch gutes Tun trägt edlen Samen.

Bach - in diesem Jahr der Selbstbesinnung - fühlte sich offenbar durch diese Worte aufgerufen zu einer persönlichen Stellungnahme. Er gibt sie in der eigenen Kantate:

BWV 170, 3   Wie jammern mich doch die verkehrten Seelen,
                die dir, mein Gott, so sehr zuwider sein!
      (4   So flieht mein Herze Zorn und Groll
                und wünscht, allein bei Gott zu leben,
                der selbst die Liebe heißt.)
      5   Mir graut vor allen Sünden.

In den Sätzen Nr. 3 und 5 setzt er dazu sein Siegel, den Einsatz des Organo obligato.doch seine Gedanken sind gerade in diesem Jahr auf das Ende seines Lebens ausgerichtet, und so schließt die Kantate:

BWV 170, 5   Mir ekelt mehr zu leben,
                drum nimm mich, Jesu, hin...
                Laß mich dies Wohnhaus finden,
                woselbst ich ruhig bin!

Einige Wochen später folgen dicht aufeinander fünf Kantaten mit obligater Orgel, sie beziehen sich auf Evangelientexte, in denen von Heilungen und Auferweckung die Rede ist, und führen dann zu Texten, die das Bekenntnis allein zu Gott und schließlich die gläubige Erwartung zum Ausdruck bringen, in das Reich Gottes als Jesu Braut eingehen zu dürfen.

Die erste dieser Gruppe, „Geist und Seele wird verwirret" (BWV 35) unterscheidet sich von allen Kantaten Bachs dadurch, daß sie zwei Sinfonien enthält, wohl gedacht als Sinnbild der Sprachlosigkeit, die der Kantatentext aufgreift im Anschluß an das Sonntagsevangelium, aber allegorisch deutet als Verstummen angesichts der Wunder Gottes.

Die abweichende Bezeichnung *Cembalo* in der Partitur der Kantate „Wer weiß, wie nahe mir mein Ende" (BWV 27) hat Bach wohl gewählt im Blick auf das Rezitativ, das der Arie mit obligater Orgel vorangeht, und ausdrücklich vom „Werk der Hände" spricht[48]. In der Stimme schreibt er dann aber wie sonst *Organo obligato* vor.

In zwei Kantaten fügt Bach die Bearbeitung des Preludio aus der E-Dur-Partita für Violine solo als Sinfonia ein, in die Kantate BWV 120a und später in reicherer Instrumentierung in die Kantate BWV 29. Die Mitwirkung der konzertierenden Orgel ist wohl zu deuten als ein dankbarer Rückblick auf die gnädige Führung Gottes, die Bach in seinem Leben und Schaffen erfahren hat. Daß er dafür eine Trauungs- und eine Ratswahlkantate ausgesucht hat, ist ein Zeichen, daß er dabei sowohl an seine Ehe und Familie als auch an sein Wirken in der kirchlichen und städtischen Gemeinde gedacht hat. Bemerkenswert ist nämlich in der Kantate „Wir danken dir, Gott, wir danken dir", daß die obligate Orgel eingesetzt wird in einem Satz, der an früherer Stelle schon einmal als erster Teil einer Arie erklungen war. Dort wird die Stadt gleichgesetzt mit der Gemeinde Gottes: „Zion ist noch seine Stadt,. da er seine Wohnung hat".

Die Kantate knüpft zugleich eine Beziehung zu seiner ersten Ratswechselkantate von 1708 (BWV 71). Was er dort im Symbol der obligaten Orgel für sein Leben erbeten hatte, hat er in den Jahren reichen Schaffens erfahren dürfen. Daß er als besonders prächtiges Sinnbild seines Dankes die Sinfonia aus einer Trauungskantate einfügt, auch das ist ein Zeichen: Sein gesegnetes Wirken in der Öffentlichkeit war gegründet in seiner Ehe, die er im Aufblick zu Gott geführt hat.

Der Text dieser Kantate (BWV 120a) führt den Ursprung des Segens noch weiter zurück bis in die Zeit, da wir noch nicht geschaffen waren. Diesem Gedanken gibt Bach dadurch symbolischen Ausdruck, daß er die konzertierende Orgel nur in der Sinfonia einsetzt, bevor die menschlichen Stimmen der Sänger erklingen.

Wir kehren wieder zurück zur Ratswechselkantate BWV 29. Die Transposition des Abschnittes aus der ersten Arie um eine Quarte nach oben ist dann zu deuten als Symbol für die Erfüllung, die alles Leben und Streben finden wird, wenn wir erhöht in der Ewigkeit das große Halleluja singen werden.

In den beiden letzten Kantaten dieser Reihe hat Bach Horn oder Oboe erst für die letzte nachweisbare Aufführung durch die obligate Orgel ersetzt. Darin

---

[48] Die besondere Form, die Bach im Blick auf den Text gerade dieser Kantate gegeben hat, wird dargestellt in: Ludwig Prautzsch, Die Titelseiten der Kirchenmusik Johann Sebastian Bachs (in Vorbereitung).

bringt er seine Hoffnung zum Ausdruck, daß er selbst im Sterben von Tod und Hölle verschont bleiben (BWV 73) und durch den Heiligen Geist zum ewigen Leben geführt werden möge (BWV 172). Es liegt nahe, angesichts der gleichzeitig erklingenden Worte der Seele dem reich kolorierten Cantus firmus in der Oberstimme der konzertierenden Orgel die Gedanken der dritten Strophe des Liedes „Komm, heiliger Geist" zuzuweisen.

Umgekehrt hat Bach dann - wohl als letzte Eingriffe in diese Symbolik - in zwei Kantaten an die Stelle des Organo obligato eine Violine oder eine Querflöte eingesetzt. Damit verringert sich die Zahl der Kantaten mit obligater Orgel, doch auch das dürfte ein von Bach beabsichtigtes Symbol sein: 12 ist die Zahl für Christus oder für die Schar seiner Jünger und seiner Gemeinde, zu der Bach gehören darf.

In der Kantate „Wer sich selbst erhöhet, der soll erniedriget werden" (BWV 47) spricht der Text vom Stolz der Hoffärtigen:

BWV 47, 2   Hoffart ist dem Teufel gleich.
                Gott pflegt alle die zu hassen,
                die den Stolz nicht fahren lassen.

Bach gesteht, daß er selber von dieser Haltung nicht frei ist, und verzichtet darum auf das prächtige Sinnbild seiner Organistenkunst. An dessen Stelle tritt die Violine als Symbol für Christus, der allein das Recht hat, die Gottlosen zu verurteilen.

In besonderer Weise müssen Bach aber die Gedanken der Kantate „Vergnügte Ruh, beliebte Seelenlust" (BWV 170)) bewegt haben. Dünkt sich der Sänger dieser Worte, zu denen sich Bach in zwei Sätzen durch die obligate Orgel nachdrücklich bekannt hat, nicht besser zu sein als „die verkehrten Herzen"? Sehr viel später, vielleicht erst kurz· vor seinem Tod[49], verzichtet er auf die konzertierende Orgel und ersetzt sie durch eine Querflöte, eine *Traversiere*, deren Stimme er selber in seiner Altersschrift ausschreibt: Nein, er selber ist auch nicht frei von Sünden, Jesus allein kann sie ihm abnehmen, wenn er vor den Richterstuhl Gottes treten wird.

Als er die Kantate als Antwort auf die Mahnung in der Kantate seines Vetters im selben Gottesdienst aufführt, schreibt man den 28. Juli 1726. Ahnte er, daß

---

[49] Alfred Dürr, Zur Chronologie der Leipziger Vokalwerke J. S. Bachs, in: Bach-Jahrbuch 1957, S. 89.

es einst sein Sterbetag sein würde? Genau 24 Jahre später - und 24 ist die Zahl der Vollendung der Zeit und des Lobgesanges in der Ewigkeit - wird er abgerufen. Hat Gott sein großes Amen gesprochen?

Weitere Bücher von Ludwig Prautzsch zu den Werken Bachs

Vor deinen Thron tret ich hiermit
Figuren und Symbole in den letzten Werken Johann Sebastian Bachs
Carus-Verlag, HE 24.008

Die verborgene Symbolsprache Johann Sebastian Bachs
Bd. 1 Zeichen und Zahlenalphabet auf den Titelseiten der Kirchenmusik
Edition Merseburger 1580 – ISBN-3-87537-298-0

Bd. 2 Zeichen und Psalmhinweise in der Kantate „Mein Herze schwimmt im Blut"
Edition Merseburger 1581 – ISBN 3-87537-299-9

Bd. 3 Die musikalische Form der Johannespassion
Erscheint in Kürze

Bach und Beuys
Was sie verbindet, was sie trennt
Edition Merseburger 1585 – ISBN 978-87537-312-7

Bachs Weihnachtsoratorium und die polnische Königswahl
Edition Merseburger 1598 – ISBN 978-3-87537-329-6